장애인 복지 천국을 가다

이 책은 푸르메재단이 해외 복지 선진국의 재활 시설을 직접 방문한 기록을 엮은 것입니다. 미국과 유럽, 일본의 재활병원과 작업장 23곳을 둘러보며 장애인이 사회의 당당한 일원으로 살아가기 위한 실질적인 방안을 찾아보았습니다. 푸르메재단은 현재 장애인을 위한 치과, 양한방 진료실과 각종 치료실을 갖춘 재활센터를 운영하고 있으며, 어린이 재활병원 건립에도 박차를 가하고 있습니다. 앞으로도 장애인과 비장애인이 모두 행복한 사회를 만들기 위해 노력하겠습니다.

지은이
백경학 · 푸르메재단 상임이사
김수민 · 푸르메재단 간사
최성환 · 푸르메재단 전 간사
어은경 · 푸르메재단 전 간사
김미애 · 푸르메재단 팀장
이예경 · 푸르메재단 간사
정태영 · 푸르메재단 전 팀장
최연희 · 한미글로벌 차장
박세숙 · 푸르메재활센터 작업치료실 치료사
이재원 · 푸르메재단 전 간사

2012년 11월 16일 초판 1쇄 발행
2016년 11월 25일 초판 3쇄 발행

지은이 백경학 외 9인
펴낸곳 부키㈜
펴낸이 박윤우
등록일 2012년 9월 27일
등록번호 제312-2012-000045호
주소 03785 서울 서대문구 신촌로3길 15 산성빌딩 6층
전화 02) 325-0846
팩스 02) 3141-4066
홈페이지 www.bookie.co.kr
이메일 webmaster@bookie.co.kr
ISBN 978-89-6051-256-6 03330

책값은 뒤표지에 있습니다.
잘못된 책은 구입하신 서점에서 바꿔 드립니다.

장애인 복지 천국을 가다

행복한 자립이 있는
해외 재활 시설 탐방기

백경학 외 9인 지음

부·키

추천사

사람에게는 사람이 필요합니다

박원순 · 서울시장

얼마 전 먹먹하고 안타까운 소식을 들었습니다. 서울 성동구에 거주하는 김주영 씨가 화재로 질식사했다는 뉴스였습니다. 뇌병변장애 1급 장애인인 그녀는 장애인의 이동권을 주제로 한 다큐멘터리 〈외출 혹은 탈출〉을 연출했고, 본인도 중증장애인이면서 자립을 원하는 다른 중증장애인을 상담해 왔다고 합니다.

평소 자신이 장애인이기에 장애인들의 어려운 삶을 잘 알릴 수 있어 오히려 감사하다고 말하곤 했다는 김 씨는 그렇게 33년의 생을 마감했습니다. 멀쩡히 화재 신고를 하고도 방문턱을 넘으려고 홀로 애쓰던 몇 분간, 김주영 씨는 얼마나 두려웠을까요. 김 씨의 죽음을 '사고사'라는 말로 쉬이 넘기기 어려운 것은 우리가 풀어 가야 할 숙제가 아직 크기 때문이 아닐까 합니다.

보건복지부 조사를 보면 2011년 우리나라의 추정 장애인 수는 268만 명. 인구 1만 명 중 561명이 장애인이라고 합니다. 우리 주변에 장애인이 그만큼 많다는 이야기입니다. 그런데도 '장애'와 '장애인'은 여전히 우리 사회에서 낯선 존재로 취급됩니다.

사실 우리는 누구나 장애인이 될 수 있습니다. 통계를 보아도 우리나라에서 후천적으로 장애를 갖게 된 중도장애인의 수가 전체 장애인 중 90.5퍼센트로 절대 다수를 차지하고 있습니다. 다행스럽게 최근에는 장애인 역시 비장애인과 똑같은 욕구와 취향을 가진 사람들이고 여러 가지 지원이 필요하다는 '상식'이 많은 분들에게 받아들여지고 장애인 복지 서비스도 점점 늘고 있습니다. 하지만 여전히 부족한 게 현실입니다.

그래서 이 책 『장애인 복지 천국을 가다』가 우리 사회에 갖는 의미가 작지 않습니다. 이 책에서 소개하는 미국과 일본, 유럽 등 이른바 장애 복지 선진국의 재활병원과 작업장을 보면 장애인과 비장애인이 더불어 행복해질 수 있는 방법이 무엇일까 고민해 보게 됩니다. 무엇보다 인상적인 것은 장애인의 재활을 '그들만의 세계'에서 고민하는

사람에게는
사람이
필요합니다

것이 아니라 지역 사회와 함께 일궈 나간다는 점입니다.

오스트리아의 재활 시설 '레벤스힐페'를 보면 장애인들이 작업장과 농장에서 생산한 물건을 그 지역 주민들이 구입합니다. '자선'이라고요? 아닙니다. 주민들이 장애인 작업장의 물건을 구입하는 것은 독창적이고 품질이 우수하기 때문입니다. 이런 관계를 통해 장애인은 자신의 개성을 발현하면서도 자립을 이룰 수 있고, 주민은 양질의 상품을 구할 수 있습니다.

본문에 '사람에게는 사람이 필요하다.'라는 말이 나오는데 저 역시 그 말에 깊이 공감합니다. 장애인이냐 비장애인이냐를 떠나서, 우리 모두는 서로에게 필요한 존재이며 함께할 때 더 행복해질 수 있습니다.

이 책은 함께 사는 행복을 보여 줍니다. 장애인과 비장애인, 시설과 지역 사회가 협력하여 만들어 가는 '장애인 복지 천국'이 눈앞에 펼쳐집니다. 『장애인 복지 천국을 가다』는 단순히 재활 시설에 관한 책이 아닙니다. 더불어 살아가기 위해 사람들이 어떻게 노력하고 있는지, 그리고 그 과정이 공동체 안의 모든 사람에게 얼마나 큰 행복을 주는지를 알려 주는 책입니다. 장애가 있는 분들이 희망을 갖고 살 수 있는 그런 곳이라면, 비장애인에게는 더 말할 나위가 없을 것입니다.

고 김주영 씨의 명복을 기리며, 이 책을 통해 우리가 사는 지금 이곳을 보다 행복하게 만드는 일에 대해 다시 한 번 생각해 보았으면 합니다.

추천사 ··· 사람에게는 사람이 필요합니다 박원순   ··· 4

재활병원

모두가 행복한 재활병원을 꿈꾸며 방문석   ··· 14

소풍 가듯 치료하는 병원
독일 호크리트 어린이 재활병원   ··· 20

치료도 시설도 어린이의 눈높이에 맞게
독일 뮌헨 킨더젠트룸   ··· 28

국민의 1/5을 후원자로 만들다
스위스 척수마비센터   ··· 38

병원 문을 나서면 바로 사회로 복귀한다
스위스 발그리스트 대학병원   ··· 47

장애 이전의 상태로 되돌리는 치료
미국 케슬러 재활병원   ··· 54

기적 릴레이는 계속된다
미국 랜초 로스 아미고스 국립재활병원　　　　　　　　　　…62

나눔으로 꽃 피운 무료 병원
미국 텍사스 스코티시라이트 어린이병원　　　　　　　　　…70

몸은 물론 환자의 삶 자체를 돌본다
미국 뉴욕대 러스크 재활병원　　　　　　　　　　　　　　…81

대학병원의 성공 모델
미국 존스 홉킨스 병원　　　　　　　　　　　　　　　　　…88

환자보다 의료진이 더 많은 병원
일본 간사이 재활병원　　　　　　　　　　　　　　　　　…96

호텔처럼 편안한 재활 리조트
일본 센리 재활병원　　　　　　　　　　　　　　　　　　…104

재활 작업장

함께 만드는 일터, 함께 누리는 일터 김성태 ··· 114

대기업도 안심하고 일감을 맡긴다
독일 카리타스 다하우 작업장 ··· 120

스스로 선택하고 만드는 행복
오스트리아 레벤스힐페 ··· 128

돈을 벌어 더 어려운 장애인을 돕는다
미국 어빌리티 퍼스트 ··· 137

브랜드를 내걸고 품질로 승부하는 일터
일본 스완 베이커리 ··· 145

장애인의 일자리를 창조하는 특례 자회사들
일본 다이킨 선라이즈 셋쓰, 간덴 엘하트 ··· 152

생활 재활 시설

살맛 나는 세상을 만드는 지역 사회 중심 재활 김윤태 ··· 166

장애인과 비장애인이 함께 즐기는 캠프장
독일 바르타바일 어린이청소년 캠프장 ··· 172

마음까지 쉬어 가는 숲 속의 요양도시
독일 바트 메르겐트하임 ··· 180

재활에서 자립까지 원스톱 시스템
일본 오사카 장애인의료·재활센터 ··· 188

인공 섬 위에 펼쳐진 장애인 스포츠 천국
일본 마이시마 장애인 스포츠 센터 ··· 199

편의점 같은 생활 복지 센터
일본 유메히코 중증장애인 데이서비스센터 ··· 207

학생 한 사람 한 사람에게 학교를 맞춘다
일본 니시요도가와 장애인학교 ··· 217

독일 호크리트 어린이 재활병원

독일 뮌헨 킨더젠트룸

스위스 척수마비센터

스위스 발그리스트 대학병원

미국 케슬러 재활병원

미국 랜초 로스 아미고스 국립재활병원

미국 텍사스 스코티시라이트 어린이병원

미국 뉴욕대 러스크 재활병원

미국 존스 홉킨스 병원

일본 간사이 재활병원

일본 센리 재활병원

재활병원

모두가 행복한 재활병원을 꿈꾸며
방문석 · 국립재활원장

우리나라에서 실현 가능한 최선의 재활병원은 어떤 형태일까? 선진국 재활병원과의 격차를 줄이려면 어떤 노력을 해야 할까? 재활병원과 관련된 의료 제도는 어떻게 바꾸어야 할까? 국립재활원장이라는 직책을 맡으면서 나는 이런 질문들을 스스로에게 묻고 또 묻게 되었다.

  우리나라에 재활의학이 소개된 것은 1950년대의 일이다. 이때 이후로 우리나라 의료진의 임상 역량은 크게 발전했고, 더불어 학문으로서의 재활의학도 세계적인 수준에 가깝게 성장했다. 그러나 그와 어울리지 않게 의료 현장의 현실은 아직도 열악하기만 하다. 불완전한 의료 제도 탓에 밀도 높은 치료가 충분히 이루어지지 못해 선진국에 비해 재활 기간이 훨씬 길다. 재활 치료를 마친 환자의 사회 복귀를 돕는 의료 대책도 부족하다. 그러다 보니 환자들은 의료에 필요한 재활

기간을 넘긴 뒤에도 선뜻 병원 문을 나서지 못한다. 퇴원 이후의 생활이 불안할뿐더러 입원 기간이 길수록 보상금도 늘어나는 경우가 많기 때문이다. 치료를 마치고도 병원에서 시간을 하염없이 보내는 환자들이 늘어 가는 실정이 안타깝기만 하다.

지금까지 우리 의료인들은 미국의 선진 의료 기술을 도입해 연구하고 치료 수준을 높이는 데만 몰두한 측면이 있다. 그 결과 의료 기술 면에서는 어느 나라에도 뒤지지 않게 되었지만 재활 치료 현장을 개선하려는 노력은 많이 부족하다. 많은 재활의학 교수와 전공의들은 자신이 공부했던 선진국의 재활의료 체계를 높이 평가하며 우리의 현실이 답답하다고 토로한다. 사회 복지학을 연구하는 교수들도 유럽식 재활병원 모델을 이상적으로 보고 본받아야 한다고 말한다. 솔직히 이런 이야기들은 들을 만큼 들었다는 생각이 든다. 이제는 현실적인 대안을 강구해야 할 때다.

우선 복지 선진국의 재활의료 체계를 생각해 보자. 무상 의료를 제공하는 유럽 국가들의 재활의료 체계는 완벽해 보인다. 하지만 현실적으로 이런 시스템이 가능하려면 세제와 비용에 대한 국민적 합의가

모두가 행복한
재활병원을
꿈꾸며

전제되어야 한다. 따라서 우리가 모델로 삼기에는 재정적으로 감당하기 어려운 측면이 있다. 미국의 재활병원은 어떨까? 자유기업형 의료 제도를 대표하는 미국은 치료의 질과 효율성으로 따지자면 단연 세계 최고다. 그러나 문제는 비용이 엄청나게 들어가는 구조라는 것이다. 수술비나 치료비는 차치하더라도 입원비만 해도 하루에 100만 원가량이 든다. 덩달아 의료보험료가 비싸지고, 민간 보험이 없는 사람은 병원을 찾을 엄두도 내지 못한다. 우리와 의료 체계가 유사한 일본의 경우에는 재활의료 수가를 현실화하여 의료의 질을 높였다. 그런데 의료 수가가 높아지면 환자 개인이든 사회 전체든 누군가는 그 부담을 져야 한다.

선진국의 이상적인 재활의료 체계와 치료 내용, 재활 치료 후 직업 재활과의 연계, 사회 복귀 과정 등을 벤치마킹하는 것도 중요하지만, 이를 실현할 수 있도록 제도를 개선하고 인식을 전환하는 게 급선무다. 선진국 시스템의 장점만 보기보다는 우리가 적용할 때 필요한 조건들을 따져 보면서 단점과 모순점을 파악해야 한다.

선진국의 시스템을 그대로 적용해선 안 될 사례로 간병인 제도를 들 수 있다. 1990년대까지만 해도 우리나라에는 실질적으로 재활 간호가 존재하지 않았다. 누군가 병원에 입원하면 가족이 간병하는 게 당연한 일이었다. 그런데 지금은 대가족의 해체, 양성평등에 대한 인식 개선 등의 영향으로 가족이 아니라 환자나 보호자가 직접 고용한 간병인이 환자의 수발을 든다. 이런 간병인 제도는 다른 나라에서는 찾아볼 수 없다. 선진국 재활병원에는 의료적 치료와 간호가 필요한 환자가 입원 대상이며, 병상 가까이에서 간병을 맡아 숙식을 하는 사람을 상상할 수 없다. 반면에 우리나라에서는 교육과 감독이 전혀 이루어지지 않는 간병인이라는 독특한 존재가 의료 기관 내에 뿌리를 내렸다. 한국적 현실을 그대로 반영해 200병상 규모의 재활병원을 짓는다면 병원 의료진도 아니고 환자도 아닌 외부인 100여 명이 병원 안에서 자고 먹고 씻고 세탁도 한다는 가정하에 설계가 이루어져야 할 실정이다.

재활의료 서비스의 수요는 날로 늘고 있지만, 현재 재활병원은 환자가 많아질수록 적자 규모가 커지는 구조다. 환자가 늘면 의사, 간호사, 치료사의 수도 늘어야 하는데 지금의 저비용 구조에서는 인건비

모두가 행복한
재활병원을
꿈꾸며

를 대기도 벅차다. 그렇지 않아도 대부분의 병원들이 외래 진료 확대, 검사 시술 등 시행 건수 확대 위주로 경영하며 대형 병원 위주로 변모하는 형편이다. 상대적으로 인건비 부담이 높고, 외래 비중이 낮으며, 입원 기간이 길고, 검사 시술 비중이 낮은 재활병원은 생존 자체가 어렵다. 이래서는 환자의 기능을 최대한 회복시켜 빠른 시일 안에 사회로 복귀하도록 돕는다는 재활 치료의 목표를 달성하기 어렵다. 따라서 최선의 재활병원을 만들려면 먼저 만성적인 적자 문제를 해결해야 한다.

국가가 운영하는 국립재활원과 정부에서 건립 지원을 받는 권역별 재활병원, 대학병원에 속한 재활병원, 민간 재활병원, 산재병원, 보훈병원 등 재활병원 역할을 하는 다양한 의료 기관들이 본연의 역할을 하면서 재정적으로 안정될 수 있는 구조를 만들어야 한다. 또 재활 치료 후 사회와 가정 및 직업으로의 복귀 과정을 어떤 인력이 어떤 재원으로 어떻게 지원할 것인지에 대한 방안을 마련해야 한다.

이 책에서는 선진국의 다양한 재활병원을 살펴볼 수 있다. 각국의 재활의료 체계에는 우리보다 의료, 복지 제도가 앞선 그 나라 고유의 사회·문화적 배경이 담겨 있다. 앞선 나라들의 시행착오를 거울삼아 불합리한 점은 버리고 본받아야할 것은 취해서 우리 문화에 맞는 재활병원 제도를 만들어야 한다. 우리나라도 전문 인력이 충분히 배출되고 있고, 경제 규모도 성장했을뿐더러, 장애인에 대한 인식도 많이 나아졌다. 이제는 실수요자인 장애인과 재활의료 전문가, 정부가 머리를 맞대고 고민해서 우리 현실에 맞는 최선의 모델을 만들어야 하겠다. 우리가 선진국의 장애인 시설을 돌아봤듯, 앞으로는 다른 여러 나라가 우리가 만든 재활병원 모델을 탐방하는 날이 오기를 기대해 본다.

소풍 가듯
치료하는
병원

독일 호크리트 어린이 재활병원

분명 계절은 초겨울로 접어들고 있는데 파란 잔디 위로 불어오는 바람이 따뜻하다. 초원 아래쪽에서 조잘대는 소리가 들리더니 한 떼의 소년들이 모습을 드러냈다. 하나같이 양손에 등산 스틱을 들고 있다. 등산 놀이라도 하나 싶었는데 비만 치료 중 하나란다.

호크리트 어린이 재활병원Klinik Hochried-Zentrum für Kinder, Jugendliche und Familien의 아이들이 5만 제곱미터가 넘는 재활병원 부지 내 숲길을 돌면서 과다 지방을 없애고 팔과 다리에 근육을 키우는 재활 치료를 하고 있다. 병실에 아이들이 옹기종기 누워 있는 모습을 예상했는데 이곳 아이들은 알프스 소녀 하이디처럼 소풍을 나온 듯하다. 이런 풍경만으로 호크리트 어린이 재활병원의 치료 내용과 수준을 판단할 수는 없겠지만 '과연 어떤 치료가 환자를 더 행복하게 하고 효과가 있는 치료일

호크리트 어린이 재활병원에 있는 야외 놀이터. 호크리트 병원은 병원과 학교, 보육 시설이 어우러진 종합 의료 교육 센터다.

까?'를 생각하게 되었다.

　호크리트 어린이 재활병원은 높은 경사면이라는 뜻의 '호크리트'라는 이름에서도 나타나듯 독일의 알프스 산악 지대인 가르미슈파르텐키르헨 근방에 위치하고 있다. 무르나우 시를 중심으로 인근 3개 군에 거주하는 장애 어린이의 치료와 교육을 담당하는 병원이다.

　이 재활병원은 뮌헨 남부를 관할하는 아우크스부르크 교구 내 가톨릭 청소년보호부가 18세 이하의 장애 어린이와 청소년을 치료하기 위해 1953년에 세웠다. 건립 당시에는 2차 세계대전 때 부상당한

소풍 가듯
치료하는
병원

체중을 조절하고, 근육을 단련하기 위해
걷기 운동을 하는 소년들.

어린이를 치료하고, 부모를 잃거나 영양실조가 된 어린이를 양육하는 보육원 역할을 했다.

"처음엔 가톨릭 교구에서 재원을 조달해 어린이 재활 치료에 필요한 작은 시설을 짓고 운영했지요. 더 넓은 공간과 전문적인 의료 기자재가 필요해져서 1960년대부터는 정부에서 운영비와 보강비를 지원받고 있습니다." 헤르만 마이어Hermann Mayer 총괄원장의 설명이다.

호크리트 어린이 재활병원은 이후 단순한 병원 기능에서 탈피해 학교생활에 적응하지 못하거나 정신적인 치료가 필요한 학생이 부모와 함께 입원할 수 있는 기숙형 학교와 심리 치료센터를 세웠다. 지금은 입원과 통원 치료, 정신과 병동, 낮 병동, 학교, 통합 보육 시설이 어우러진 종합 의료 교육센터로 발전했다. 기숙사에 머무는 학생들은 15명이 한 팀으로 구성돼 치료와 교육을 받는데, 등산 스틱을 들고 숲길을 도는 소년들도 그들 중 하나였다.

한적한 오솔길을 지나면 여러 채의 건물이 나온다. 가장 중심에 있는 건물을 찾았다. 작은 문을 열어 보니 거짓말처럼 거대한 규모의 체육관이 나타났다. 어린이들이 체육관 천장에서 길게 내려온 줄에 매달려 신나게 놀이를 하고 있다. 집중력과 근육을 키우는 치료란다. 우리를 안내한 치료사 다니엘 타이슨 Daniel Tison 씨가 말했다.

"최근에는 뇌성 마비와 시각 장애처럼 외형적으로 드러나는 장애를 가진 청소년보다 과다 섭취, 거식증, 언어·수학 능력 부족, 근육 위축증 등 사회 적응 능력이 떨어지는 아이들이 많아졌습니다. 우리 병원에 입원한 환자 중에서도 이들의 숫자가 증가하는 추세죠."

체육관 한쪽에서는 뚱뚱한 아이들이 매트리스 위에 줄로 사람 형

줄에 매달리는 신나는 놀이도 '치료'다 (위), 줄 게임을 통한 비만 치료(아래).

태를 그린 뒤 신체 부위를 알아맞히는 게임을 하고 있다. 이들 역시 비만 치료를 받고 있는 청소년들이라고 한다. 아프리카와 아시아 빈국에서는 아이들이 고픈 배를 움켜쥐고 있는데 잘사는 나라에서는 살과 전쟁을 벌이는 웃지 못할 현실이다.

체육관 반대편에 있는 문을 열어 보았더니 앞치마를 두른 소녀들이 수줍게 웃고 있다. 과식증 혹은 거식증으로 인한 근육 위축과 비

소풍 가듯
치료하는
병원

섭식 장애가 있는 아이들은 저칼로리 음식 만들기를 배운다.

만 등으로 고생하는 소녀들이라고 한다. 저칼로리 음식을 만드는 법을 배우는 중이었다.

주치의가 집중적인 비만 재활 치료가 필요하다고 진단하면 건강보험 주관청과 국가 중 어느 곳이 비용을 부담할 것인지 결정이 난다. 진단을 받은 어린이와 청소년은 2주일 일정으로 이곳 병원 내 기숙사에 머물며 강도 높은 걷기 운동이나 수영, 근육 운동, 식생활 개선 교육 등을 하며 집중적인 그룹 치료를 받게 된다.

독일 정부는 2003년에 15세 이하의 어린이와 청소년을 대상으로 건강 상태를 묻는 여론 조사를 실시했다. 조사 결과 이들 사이에 아토피 같은 피부 질환과 호흡기 약화 등 만성 질환이 크게 늘어난 것으로 나타났고, 음식의 과다 섭취로 인한 면역 체계 약화와 비만이 큰 문제로 대두됐다. 또 언어 구사력 및 쓰기 능력 저하, 주의력 결핍 장애, 자폐 등 지적인 능력이 떨어지거나 심리적인 문제로 고통받는 어린이와 청소년이 크게 증가했다. 언어 사용 능력이 현저하게 떨어지는 어린이가 10년 전과 비교해 25퍼센트 늘었고 대인 공포, 학교 부적응 등 심리적인 장애를 가진 어린이도 12퍼센트나 증가한 것으로 나타나 독일 교육계와 의료계에 경종을 울렸다. 이에 따라 독일 정부는 조기 진단과 조기 교육 프로그램을 강화하고 부모와 학교, 보건 기관, 병원이 함께 비슷한 장애 유형을 가진 같은 연령대 어린이들을 모아 집단 치료를 하는 의료 시스템을 구축했다.

호크리트 어린이 재활병원은 이런 시스템을 대표하는 사례다. 병원에서는 무르나우 시를 중심으로 반경 30~40킬로미터에 거주하는 장애 어린이들이 부모와 함께 생활할 수 있는 입원실과 각종 치료 프로그램을 만들어 운영하고 있다.

입원실은 일반 병상이 100개가 있고, 장애 어린이들이 부모와 함께 입원해 생활할 수 있는 병상이 따로 60개가 있다. 독일 학교의 학급당 학생수가 20명인데 비해 이곳에서는 이보다 적은 15명을 한 팀으로 구성해 약 200명의 학생들이 치료를 겸한 교육을 받는다. 어린이들의 정서 함양을 위해 숲 치료 같은 특수 치료도 진행한다. 퇴원한 뒤에도 재활 치료가 필요하다는 진단을 받으면 언제든 다시 입원 및 통원 치료를 받을 수 있는데 이곳의 치료가 재미있기 때문에 꾀병을 부려 다시 병원을 찾는 어린이들이 적지 않다고 한다.

호크리트 어린이 재활병원은 장애의 조기 발견과 조기 진단을 위해 부모 교육에도 상당한 정성을 쏟고 있다. 이를 상징적으로 보여주는 것이 병원의 가장 중심에 위치한 커뮤니케이션 센터다. 재활 치료를 받는 어린이의 부모들뿐 아니라 비장애 어린이들의 부모와 관내

소풍 가듯
치료하는
병원

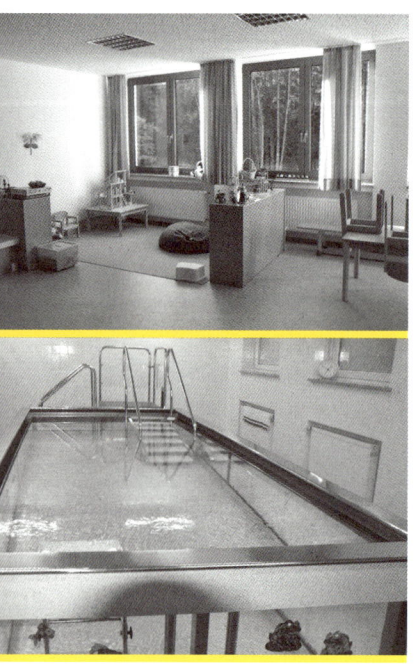

어린이들이 좋아하는 색깔로 만들어진
작업 치료실(위), 부력을 이용해 걷는
훈련을 하는 수영 치료실(아래).

의사 및 각종 치료사, 학교 교사, 지역 주민 들을 대상으로 주기적으로 교육을 실시하고 있다. 이들의 각종 모임이나 집회도 이곳에서 자연스럽게 이루어진다.

운영비가 만만치 않을 것 같은데 금전적인 걱정은 없을까? 마이어 원장은 이렇게 설명했다.

"일 년간 병원과 학교, 기숙사, 유치원, 커뮤니케이션 센터 등을 운영하는 데 약 2000만 유로(약 280억 원)가 듭니다. 부족한 부분은 의료 보험과 정부 및 지자체의 지원금으로 충당하고 있습니다."

지난해 시설이 낙후된 진료동을 리모델링하고 비좁은 지하 주차장을 새로 짓는 데 각각 450만 유로(약 63억 원)와 300만 유로(약 42억 원)가 들었는데 비용은 재단인 가톨릭 교구와 지방 정부에서 함께 부담했다고 한다.

마지막으로 안내받은 곳은 각 건물을 잇는 지하 통로였다. 겨울 내내 눈이 많이 내리는 곳이라 눈을 헤치고 다닐 수가 없어 지하 통로를 마련했단다. 전쟁 중 방공호 역할을 하기도 했다는 지하 통로를 지나며 일 년에 몇 번 사용하지 않는 이런 곳마저 깨끗하게 관리하는 독일인들의 철저함에 다시금 감탄했다. 살인적인 완벽주의가 때로 숨 막힐 듯 느껴지기기도 하지만 이 완벽주의 덕분에 독일의 의료 시스템, 특히 재활병원이 세계 최고로 인정받게 된 것이리라.

글·백경학

호크리트 어린이 재활병원
Klinik Hochried-Zentrum für Kinder, Jugendliche und Familien

주소 Hochried 1-12, 82418 Murnau, Germany
전화 49-8841-474-0
이메일 info@klinikhochried.de
홈페이지 www.klinikhochried.de

치료도 시설도
어린이의
눈높이에 맞게

독일 뮌헨 킨더젠트룸

영국과 독일, 프랑스 등 서부 유럽 국가에서 재활병원이 발전한 유래를 살펴보면 한 가지 공통점을 발견할 수 있다. 두 차례에 걸쳐 세계 대전을 치르는 동안 참혹한 전쟁 현장에 있었던 군인들의 신체적, 정신적 치료를 위해 건립됐다는 것이다.

    전쟁의 광기에 휘둘려 침략자로 혹은 저항군으로 서로의 심장에 총을 겨누며 인간이 얼마나 잔인해질 수 있는지를 경험한 사람은 군인들뿐만이 아니었다. 시민들도 많은 충격을 받았는데 특히 정상 생활을 하지 못할 정도로 정신적인 충격을 받은 중환자가 늘어나면서 이들을 치료하기 위해 재활병원이 탄생했다. 정신과에서 시작된 재활병원은 이후 1970년대에 산업화가 급속히 진행되면서 교통사고 전문 병원으로, 최근에는 심장병, 당뇨 같은 현대 성인병을 치료하는 전문 재

뮌헨 킨더젠트룸 전경. 어린이 발달 장애를 오래 연구한 헬부르게 교수가 세운 킨더젠트룸은 장애의 조기 진단과 조기 치료를 중요하게 생각한다.

활병원으로 발전하고 있다.

어린이 재활병원 역시 성인 병원과 마찬가지로 전쟁 통에 부상을 당한 어린이들, 살아남았지만 정신적으로 심한 상처를 받은 어린이들을 수용해 치료하던 곳에서 출발했다. 가정 붕괴로 인한 외로움과 배고픔을 달래 주는 가족의 역할을 겸해야 했기 때문에 보육원과 병원이 결합한 형태였다.

이후 어린이 재활병원은 뇌성 마비와 청각 장애 등 선천성 장애를 치료하는 기관으로, 이어 급속한 산업화로 교통사고를 당한 신체장

치료도 시설도
어린이의
눈높이에 맞게

애 어린이를 치료하는 곳으로 바뀌었다가 최근에는 자폐, 언어 능력 저하, 비만 같은 현대병을 치료하는 전문 병원으로 탈바꿈하고 있다.

독일과 오스트리아, 스위스 등 서부유럽에 있는 어린이 재활병원들은 이런 발전단계를 거쳐 대부분 전망 좋은 알프스 인근 지대나 호수 주변의 휴양지에 자리 잡고 있다. 그런 반면 뮌헨 킨더젠트룸Kinderzentrum München은 바이에른 주의 주도^{州都}인 뮌헨 시내 서남쪽 한복판에 자리 잡은 전형적인 도심형 어린이 재활병원이다.

뮌헨 킨더젠트룸은 오랫동안 어린이 발달 장애를 연구해 온 뮌헨 의대 테오도어 헬부르게Theodor Hellbrügge 교수가 1968년에 세웠다. 헬부르게 교수는 어린이 재활 치료를 효과적으로 하기 위해서는 조기 진단과 조기 치료가 무엇보다 중요하다고 강조했다. 사회 적응 훈련을 조기에 실시하면 재활 치료를 마친 어린이들이 가정으로 돌아가 사회의 어엿한 일원으로 성장할 수 있다고 믿었다.

그는 이런 치료를 전담할 어린이 재활병원을 오버바이에른 주정부에 제안했고 이에 호응해 주정부에서는 1968년 외래 병동 형태의 어린이 재활센터를 건립했다. 그 후 입원 병동과 연구동, 몬테소리 유치원, 몬테소리 학교 등을 1989년까지 순차적으로 지었고, 헬부르게 교수가 설립한 헬부르게 재단에서 모든 운영을 맡고 있다.

테오도어 헬부르게 재단은 장애 어린이의 조기 치료와 조기 교육을 모토로 몬테소리 방식의 통합 교육을 실시한다. 독일에서만 110개 이상의 어린이 관련 시설을 운영하고 있으며 세계 47개국에 몬테소리식 치료와 교육을 전파하고 있다. 이 가운데 킨더젠트룸은 2009년에 시설을 증축하고 설비와 기자재를 현대화하면서 독일 내 어린이 재활 및 발달 치료 분야의 전문 병원으로 자리 잡았다.

3층 본관 앞 조형물. 휠체어를 탄 아빠와 가족의 모습이 정겹다. 치료가 끝나 함께 집에 돌아가는 가족의 모습이 이렇지 않을까.

독일의 겨울은 해가 짧다. 낮이 계속되는 여름이 백야^{白夜}라면 밤이 긴 겨울은 흑야^{黑夜}다. 흑야 때는 오전 9시가 돼야 해가 뜨고 오후 3시면 땅거미가 진다. 뮌헨 킨더젠트룸에 도착한 시간은 오후 4시였지만 벌써 어둠이 깔리기 시작하고 있었다.

주차장에 도착하니 대리석으로 지어진 3층 본관 앞에 재미있는 동상 조형물이 하나 놓여 있다. 휠체어를 탄 아빠, 아직 요람에 누워있는 아기 등 가족 5명이 나들이라도 가는지 손을 잡고 신나게 걸어가는 모습이다. 한바탕 웃음이라도 터질 듯한 즐거운 분위기는 이곳에서 치료받은 뒤 집으로 함께 돌아갈 날을 표현한 것일까?

병원 로비라면 흔히 붐비는 인파와 높은 천정, 설립자 동상, 기부자 명단이 새겨진 큰 벽면을 연상하게 되는데 이곳은 지나칠 정도로

로비와 중앙 홀에서 볼 수 있는 8각형 돔 지붕. 날씨가 좋을 때면 마치 동화 속의 한 장면처럼 8각형의 햇살이 천장에서 따스하게 내리쬔다. 어린이의 시선을 반영한 설계가 돋보인다.

겸손하고 소박하다. 킨더젠트룸의 로비는 병원 안의 수많은 통로 중 하나일 뿐이다. 8각형 돔 지붕 아래 노란 빛깔이 채색된 아름다운 공간이다. 벽면 정면에 팔을 넓게 벌려 세상을 안고 계신 예수상과 꼬마들이 함께 그린 그림 한 점이 겸손하게 걸려 있다.

    어린이들로 복작복작한 시끄러운 병원 로비를 예상했는데 로비는 물론 길게 이어진 복도에서조차 꼬마들의 모습은 보이지 않는다. 복도 옆으로는 각종 치료실과 상담실, 병원 업무를 처리하는 사무실이 나오고 다시 로비와 비슷한 첨탑 모양의 8각형 돔 지붕을 인 중앙

홀이 나온다. 그제야 두런두런 사람 소리가 들려서 따라가 보니 작은 식당이 나왔다. 애타게 찾던 꼬마들을 그제야 만날 수 있었다.

"어린이 재활센터에서는 상담과 치료가 오전에 끝나기 때문에 모두 집으로 돌아가고 없네요. 지금 식당을 찾은 어린이들은 2층 병실에 어머니와 함께 입원한 꼬마들

병원 로비에 꼬마들이 그린 그림이 예수 상 옆에 걸려 있다. 겸손하고 소박한 인테리어가 마음을 편안하게 해 준다.

입니다." 병원 시설을 안내한 소아정신과 전문의 멜러니 포크트 박사 Melanie Voigt 가 설명했다.

병원은 크게 외래 환자를 담당하는 어린이 재활센터와 입원 치료를 전담하는 재활병원으로 나뉘는데, 연구소와 몬테소리 유치원, 몬테소리 학교는 어린이 재활센터에 자리 잡고 있다.

뮌헨 킨더젠트룸 내 어린이 재활센터의 진료 건수는 일 년에 1만 건이 넘는다. 뮌헨을 중심으로 북부의 작은 도시 잉골슈타트부터 남부의 바이에른 지역에 살고 있는 어린이들이 주로 병원을 찾는다. 출생 후 장애 증세를 보이거나 지역 병원에서 장애 판정을 받을 경우 우선적으로 이곳을 찾아 정밀 진단을 받고 곧바로 조기 치료에 들어간다고 한다.

치료도 시설도
어린이의
눈높이에 맞게

　　포크트 박사가 치료 절차를 설명해 주었다. "장애아로 판정되면 킨더젠트룸에서 주치의를 정해 줍니다. 주치의와 부모가 정기적인 상담을 통해 어떤 수술과 치료를 진행할 것인지 결정하게 되지요."

　　어린이 재활센터 1층에는 상담실과 미술 치료실, 음악 치료실, 심리 치료실, 몬테소리 치료실 등 주로 외래 환자를 위한 치료 공간이 빼곡히 위치해 있다. 2층에는 부모와 함께 입원하도록 설계된 1인 병실과 물리 치료실, 작업 치료실이, 3층에는 의사와 간호사 등의 연구 공간이 있다.

　　불 꺼진 음악 치료실을 들어가니 작은 피아노를 중심으로 작은 북과 큰북, 하프 등 다양한 악기가 놓여 있는 것이 눈에 띈다. 특이하게도 치료실 옆면에 거울이 붙어 있었다. 거울 뒤로 작은 방이 있어 부모가 아이의 치료 과정을 직접 볼 수 있게 한 것이었다. 경찰서에서 피의자의 심문 과정을 관찰하는 것 같아 처음에는 찜찜했는데 아이의 반응과 동작을 부모가 직접 관찰한 뒤 함께 치료에 참가한다는 설명을 듣고서야 비로소 이해가 갔다. 아이가 갑자기 북이나 피아노를 세게 내려친다면 무언가 마음속에 불만과 불안이 있다는 뜻인데, 치료사를 통해 전해 듣기보다는 부모가 직접 눈으로 확인하는 게 아이를 더 잘 이해하고 마음의 상처를 치유하는 데 도움이 될 것 같았다.

　　병원 통로 벽에는 유명 화가나 사진가의 그림이 붙어 있는 게 아니라 이곳에서 치료를 받는 꼬마들이 흡족한 표정으로 그림을 그리는

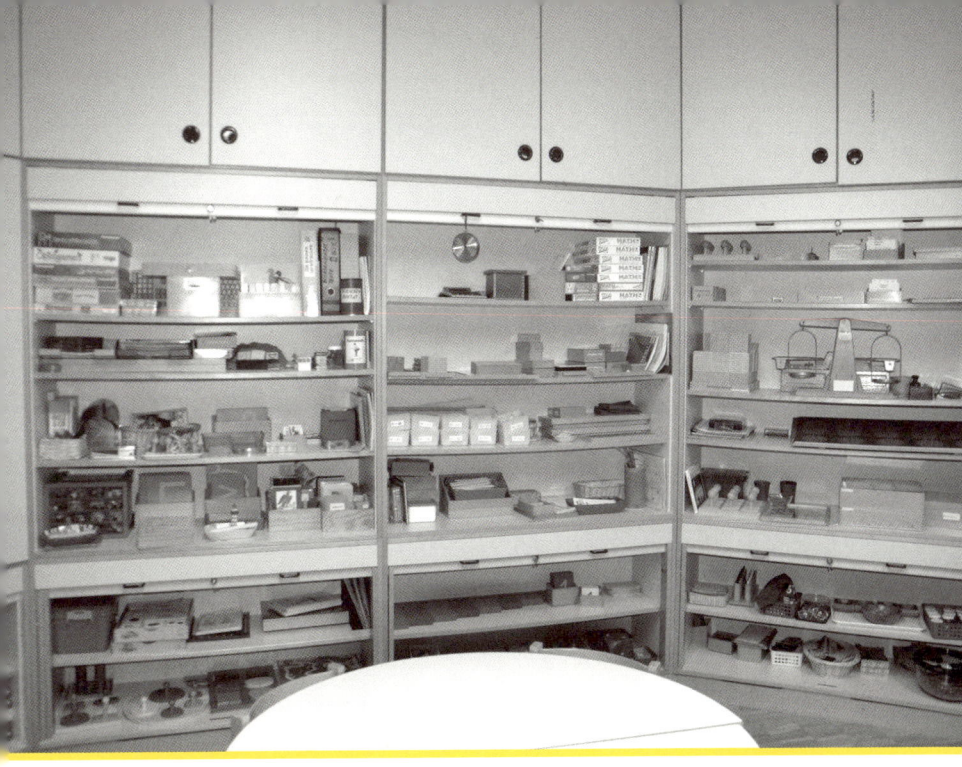

몬테소리 치료실의 모습. 아이들은 이곳에서 장난감을 가지고 놀며 자연스럽게 정서적, 지적, 신체적 능력을 키운다. 어린이의 눈높이에 맞춘 이 치료법을 아이들도 가장 좋아한다고.

사진과 아이들의 작품이 곳곳에 전시돼 있다. 제 손으로 그린 그림을 전시하고 바라보는 것도 일종의 치료라고 한다.

몬테소리 치료실에는 각종 장난감과 일상 도구, 재미있는 과학 실험 도구가 더 이상 깔끔할 수 없을 정도로 가지런히 정리되어 있다. 아무리 산만한 아이라도 이 공간에 들어오면 마음이 차분해질 것 같았다.

장난감으로 아이들을 교육하는 방법을 일컫는 몬테소리라는 명칭은 이탈리아 출신 여의사이며 심리학자, 교육자인 마리아 몬테소리

치료도 시설도 어린이의 눈높이에 맞게

Maria Montessori의 이름에서 따왔다. 그녀는 지적장애가 있는 어린이가 바닥에 떨어진 작은 조각들을 가지고 놀면서 감각과 행동이 점차 향상되는 모습을 보고 이를 과학적인 치료법과 교육 방법으로 발전시켰다. 어린이를 정서적, 지적, 신체적으로 고르게 성장해야 할 인격체로 존중하면서 어린이의 눈높이에 맞추는 교육이 이때부터 이루어졌다. 뮌헨 킨더젠트룸은 의사와 치료사뿐 아니라 부모와 심리 치료사가 한 팀이 되어 정신 장애를 가진 어린이의 감각 개발에 몬테소리 치료법을 적극 활용하고 있다. 어린이들도 마음껏 장난감 놀이를 하고 과학 실험을 하는 이 치료법을 가장 좋아한다고 한다.

재활병원에 속한 2층 병실은 아쉽게도 환자와 환자 가족의 사생활 보호를 위해 외부 방문객에게 개방되지 않았다. 이곳에는 40개의 병실이 있고, 연간 850여 명의 어린이가 입원 치료를 받는다. 40개의 병실 중 20개는 혼자 입원하는 어린이를 위한 방이고 나머지 20개는 부모가 함께 입원할 수 있는 방이다. 킨더젠트룸 재활병원은 중증 발달 장애나 다중 장애를 가진 어린이 치료에 초점을 맞추고 있다. 입원비는 하루 400유로(약 57만 원). 모든 비용을 주정부와 의료보험 주관 부서가 부담한다는 말을 듣고 부러움이 앞섰다.

조기 진단, 조기 치료, 조기 교육이라는 킨더젠트룸의 모토는 어린이 재활 치료에서 가장 기본적인 원칙이다. 빨리 발견해 제때 치료하면 어린이와 그 가정은 물론 사회 전체가 행복해진다. 멀리 강원도

홍천에서 서울에 있는 푸르메재단의 재활센터까지 매주 아이를 데리고 오는 부모가 떠올라 마음이 먹먹해졌다. 킨더젠트룸 같은 어린이 재활병원을 전국 곳곳에 세우겠다는 뜻을 다져 본다.

글·백경학

뮌헨 킨더젠트룸
Kinderzentrum München

주소 Heiglhofstr 63, 81377 München, Germany
전화 49-89-71009-0
이메일 info@kinderzentrum-muenchen.de
홈페이지 www.kbo-kinderzentrum.de

국민의
1/5을 후원자로
만들다

스위스 척수마비센터

스위스는 면적이 한반도의 5분의 1쯤 되는 작은 나라다. 인구가 약 800만 명인 스위스에 놀랍게도 150만 명의 후원으로 운영되는 세계 최고의 민간 척수 재활 전문 병원이 있다. 관광 휴양지로 유명한 루체른 주의 작은 마을 노트윌에 위치한 스위스 척수마비센터^{Schweizer Paraplegiker-Zentrum}다.

한 국가의 국민 5명 가운데 1명이 민간 병원을 후원하는 것은 세계 어느 나라에서도 유례를 찾아 볼 수 없는 일이다. 더구나 작은 시골 마을에 있는 이 병원은 국제척수학회를 개최하는 등 척수 분야에서 세계 최고를 자랑한다.

척수마비센터에서는 헬기로 환자를 이송하는 것부터 시작해 수술, 재활 치료, 직업 재활 훈련, 집과 차량 개조 등 재활의 모든 과정이

척수마비센터 로비. 1975년 스위스 척수마비재단에서 설립한 이 센터는 연구소, 응급 환자실, 검사실, 입원 병동, 물리 치료실, 보조 공학실, 스포츠 활동실을 갖춘 세계 최고의 민간 척수 재활 병원이다.

원스톱으로 이루어진다. 예를 들자면 이런 식이다. 교통사고가 척수마비센터에 접수되면 헬기가 신속히 사고 현장으로 날아가 환자를 센터로 이송해 온다. 24시간 대기 중이던 응급 구조팀은 MRI 촬영 등으로 환자의 상태를 면밀히 검사한 뒤 수술에 들어간다. 그 다음 날, 담당 주치의가 환자를 찾아가 손을 잡으며 따뜻하게 상황을 설명한다. "유감스럽게도 하반신이 마비되었습니다. 하지만 걱정하지 마십시오. 당신이 예전과 같이 생활할 수 있도록 저희가 적극적으로 돕겠습니다."

국민의
1/5을 후원자로
만들다

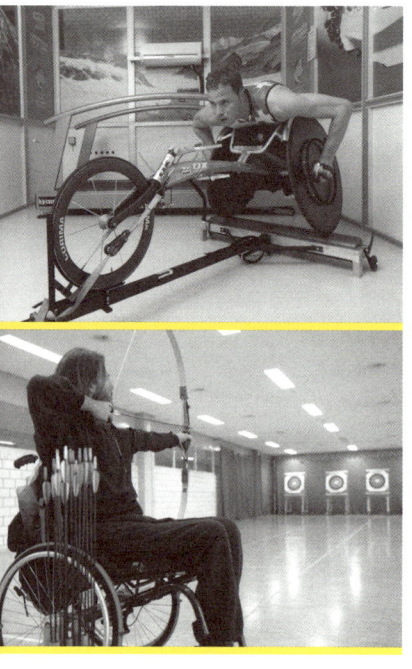

스포츠 활동실의 모습. 척수마비센터에서는 의료 처치와 스포츠 활동을 통한 근력 증진 훈련을 동시에 실시한다.

급성기急性期 치료를 마친 척수 손상 환자는 이차적으로 아급성亞急性 재활 치료를 반드시 받아야 한다. 이 센터에서는 의료적 처치와 함께 사회 복귀에 필요한 일상생활 동작 훈련, 사회 심리 치료, 보조 기구를 이용한 훈련 등을 손상 초기부터 동시에 진행한다.

마비 환자의 치료 기간은 장애의 정도에 따라 다른데, 허리를 다쳐 하지 마비가 된 환자는 입원부터 퇴원까지 6개월, 목뼈를 다친 사지마비 환자는 그보다 긴 9개월 정도 걸린다. 척수마비센터에서 퇴원한 환자들의 90퍼센트 이상이 예전과 같이 직업 활동을 하는 등 성공적으로 사회에 복귀한다고 한다.

1975년 스위스 척수마비재단에서 설립한 이 센터는 연구소, 응급 환자실, 검사실, 입원 병동(140개 병상), 작업 치료실, 아트 치료실, 모바일실(자동차 개조), 물리 치료실, 보조 공학실, 스포츠 활동실 등을 갖추고 있다. 스위스 전역의 척수 손상 외래 환자 및 입원 환자는 물론

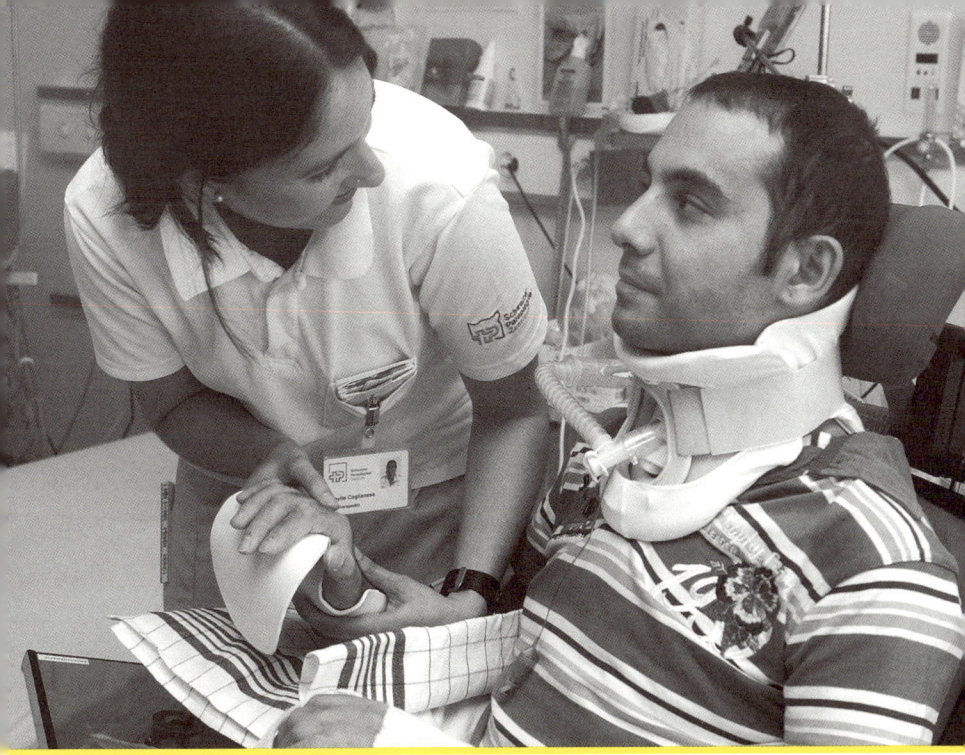

휠체어에 탄 환자에게는 무릎을 꿇어 눈높이를 맞춘다. 환자중심주의는 척수마비센터의 근본 치료 철학이다.

스위스에서 사고를 당한 외국인 환자나 치료 목적으로 방문한 외국인 환자도 모두 이용 가능하다. 병원을 찾은 환자의 장애 원인은 사고로 인한 손상이 55퍼센트, 질병으로 인한 손상이 40퍼센트라고 한다. 장애 유형은 하지 마비가 55퍼센트 그리고 사지 마비가 45퍼센트를 차지한다.

    병원을 둘러보는 동안 환자의 눈높이에 맞춰 몸을 낮추고 친절하게 설명하는 의사의 태도가 인상적이었다. 휠체어에 탄 환자와 이야기 나눌 때에는 아예 무릎을 꿇고 환자와 시선을 맞췄다. 환자중심주의

국민의
1/5을 후원자로
만들다

회원 성격에 따른 연간 후원금

구분	금액	원화	비고
개인 회원(1명)	45스위스프랑	약 5만 원	선물로 회원 신청해 줄 수 있음 (기부 선물)
커플 회원(2명)	90스위스프랑	약 10만 원	
평생 회원(1명)	1000스위스프랑	약 1200만 원	

를 상징하는 이 같은 의료진의 태도에서 설립자인 기도 자크[Guido A. Zäch] 박사의 철학을 읽을 수 있었다.

 스위스 바젤대학 혈액의학과 교수였던 자크 박사는 1973년 6월에 대학 부설 척수마비장애인센터의 총 책임자가 되었다. 1967년 개원한 척수마비장애인센터는 주 정부에서 사업비를 전액 지원하던 기관. 그런데 박사가 책임을 맡은 뒤 1년이 지나자 주 정부에서는 더 이상 운영비를 지원할 수 없다고 통보해 왔다.

 '장애를 가진 사람도 비장애인과 동등하게 적극적으로 사회에 참여하기 위해서는 재활 치료가 무엇보다도 중요하다.'라는 확고한 신념을 지닌 자크 박사는 척수마비장애인센터의 운영을 포기할 수 없었다. 그는 척수 장애인을 위한 독립적인 민간 센터를 건립하고 경제적으로 그들을 도울 수 있는 지원 단체를 만들기 위해 개인 재산을 쾌척해 1975년 3월 12일 척수마비재단을 설립했다.

 자크 박사는 교통사고나 질병으로 인한 중도 장애인들이 사회에 복귀하지 못해 집과 시설을 전전하는 열악한 상황을 전 국민에게 알리기 위해 다큐멘터리 〈척수 마비, 운명인가 도전인가?〉를 만들어 전국에 방영했고, 「척수 마비」라는 간행물을 독일어와 프랑스어 2개 언어로 제작해 총 10만 부를 배포했다.

센터에 방문한 모든 사람들에게 나눠주는 봉투. '당신은 척수 마비 환자를 돕고 있습니다.'라는 문구가 적혀 있다.

건립 기금을 모으기 위해 '그럼에도 불구하고'라는 후원자 모집 캠페인을 펼친 재단은 설립 첫해에만 5만 명의 후원자를 모았다. 이때 후원자가 된 이들은 병원 건립에 참여하기 위해 1978년 10월에 후원자 연합을 결성했으며 이 연합회가 오늘날 150만 후원자들의 발판이 되었다.

"척수 장애 환자를 돕는 '수호 회원'이 되어 주십시오! 당신의 후원으로 가족과 친구가 심각한 곤경에서 도움을 받을 수 있습니다." 재단은 척수마비센터를 방문하는 모든 이들에게 이 문구가 새겨진 홍보물을 내밀며 후원을 요청한다. 우리나라에서 기부금을 모을 때 하는 말과 별반 다르지 않다. 그러나 후원자에게 주는 혜택에는 큰 차이가 있다. 한국에서는 연말 정산 때 세제 혜택을 받을 수 있는 기부금 영수증을 받는 것이 실질적인 혜택의 전부다. 그러나 스위스 척수마비재

국민의
1/5을 후원자로
만들다

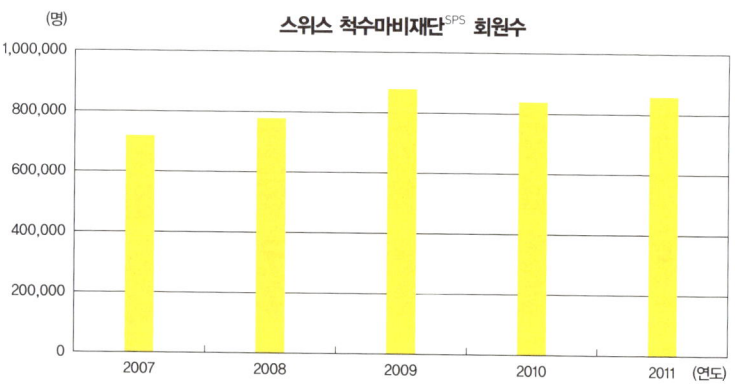

단에서는 후원자가 척수 손상 환자가 되면 거금의 위로금을 지급하고 무료로 각종 의료 서비스를 제공한다.

척수마비재단의 수호 회원은 18세 이상이면 국적과 관계없이 누구나 가입할 수 있으며 연간 후원금은 45스위스프랑(약 5만 원)이다. 1000스위스프랑(약 1200만 원)을 내고 평생 회원이 될 수도 있다. 그런데 수호 회원이 사고 또는 질병으로 척수 손상 환자가 되면 재단으로부터 일시불로 20만 스위스프랑(약 2억 3000만 원)을 받는다. 또 척수센터에서 무료로 입원 치료를 받을 수 있고, 재단에서 운영하는 보조 공학 기기 센터에서 맞춤형 보조 기기를 지원받는다.

어찌 보면 순수한 기부라기보다는 보험 성격을 가미한 회원제 모금 방식이다. 레저 활동을 즐기는 스위스 국민이 사고 대비를 중시하기 때문에 이런 방식을 택했다고 한다. 기도 자크 박사가 전국을 돌면서 척수 환자를 위한 센터 건립과 경제적 지원의 필요성, 그리고 후원자가 받을 수 있는 혜택을 강연과 방송 등을 통해 알리자 회원 수는 폭발적으로 증가했다. 재단이 출범한 지 불과 2년 만에 후원자가 60만 명을 넘어섰다고 한다.

스위스의 척수 손상 환자들은 후원금 이외에 국고 보조금도 지원받는다. 국가에서 운영비를 지원받기 때문에 모든 척수 손상 환자들은 의료 보험 가입 여부에 상관없이 치료를 받을 수 있다. 1인당 치료비가 월 3만 6000스위스프랑~6만 스위스프랑(약 4200만 원~7000만 원)이나

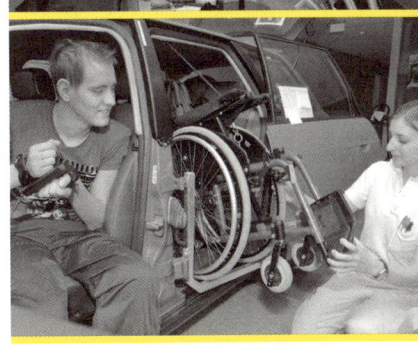

보조 공학실(위)와 모바일실(아래)의 모습. 환자의 몸에 맞도록 휠체어와 자동차를 개조하는 곳이다.

되지만 자부담은 거의 없다. 후원 회원이 아니었더라도 사고를 당한 뒤 회원으로 가입하면 거의 무료로 치료를 받을 수 있다.

스위스 척수마비센터에서는 재활 치료 후 이전 직업으로 복귀가 어려운 환자에게 컴퓨터 교육 등 직업훈련 서비스를 제공하고 취업까지 알선한다. 또 퇴원 후의 휠체어 생활을 염두에 두고 환자의 가정을

국민의
1/5을 후원자로
만들다

　미리 방문해 계단에 리프트나 경사로를 설치하고 가구를 개조한다. 이 비용 또한 모두 후원금으로 충당해 무료로 서비스를 제공한다.
　우리나라에서는 재활 치료를 마치고 퇴원해도 환자들이 가정과 공동체로 돌아가기 어렵다. 지역 사회 복귀를 위한 전문적인 재활 훈련과 서비스가 부족한 탓에 집으로 돌아가 일상생활을 할 엄두를 내지 못하고, 의료적 치료가 끝났음에도 불구하고 여러 병원이나 요양원을 전전해야 한다. 환자는 환자대로 힘들고, 국가 차원에서도 의료 비용 손실이 만만치 않다. 그런 점에서 스위스 척수마비센터는 환자에게는 응급 의료에서 재활 치료, 사회 복귀까지 원스톱 서비스를 제공하고, 후원자에게는 실질적 혜택을 부여하는 바람직한 재활병원 모델이다.

글 · 어은경

스위스 척수마비센터
Schweizer Paraplegiker-Zentrum

주소　　Direktion SPZ, Guido A. Zäch Strasse 1, CH-6207 Nottwil, Swiss
전화　　41-41-939-54-54
이메일　spz@paranet.ch
홈페이지　www.paraplegiker-zentrum.ch

병원 문을 나서면 바로 사회로 복귀한다

스위스 발그리스트 대학병원

스위스 취리히에 있는 발그리스트 대학병원^{Uniklinik Balgrist}은 척수 손상 전문 재활병원이다. 정형외과, 방사선과, 마취과 등 급성 의료 서비스가 한 지붕 아래 결합되어 척수 손상 치료와 연구를 선도하고 있다.

    잠깐 둘러보는 것으로 이런 시스템의 우수성을 실제로 확인하기는 불가능하다. 작업 치료사로 일하는 내게는 진료와 치료만을 위한 병원이 아니라는 점이 무엇보다 인상적이었다. 발그리스트 대학병원은 다시 사회로 돌아가기 위해, 발병이나 사고 이전의 자신으로 돌아가기 위해 단단히 준비하는 곳이었다.

    발그리스트 대학병원에 입원한 환자들의 하루는 그룹 식사로 시작된다. 병원에서 그룹 치료를 본 적은 있어도 그룹 식사는 처음이었다. 이동이 어려운 몇몇 환자를 제외한 대부분의 환자가 휠체어를 타

병원 문을 나서면
바로
사회로 복귀한다

그룹 식사를 하는 식탁. 환자들은 이곳에서 함께 식사를 하며 자연스럽게 서로를 격려하고 친목을 다진다.

고 식당으로 와서 함께 식사를 했다. 비슷한 증상과 어려움을 가진 환자들이 자연스럽게 어울리면서 자연스럽게 서로를 격려하고 친목을 다지는 자리가 되었다. 그룹 식사는 재활 치료를 마친 환자들이 퇴원 후에 휠체어를 타고 식당에 가더라도 어색함 없이 쉽게 적응할 수 있도록 준비하는 방식이기도 했다.

그룹 야외 활동도 일주일에 한 번씩 정기적으로 진행하고 있었다. 작업 치료사, 간호사, 사회복지사와 환자들이 함께 영화를 보러 가거나 쇼핑을 하고, 가까운 공원으로 소풍을 가기도 한다고 했다. 이런 식으로 환자들은 퇴원 전에 사회로 복귀하기 위한 준비를 철저히 하게 된다. 한국에서 재활 치료를 받는 대부분의 환자들은 A병원에서 B병원으로, 다시 C병원으로 자신에게 맞는 치료법을 찾아 몇 년씩 전국을 떠돈다. 그에 비해 발그리스트 대학병원에 입원한 환자들은 철저하게 치료를 받고 병원 문을 나서면 바로 사회로 복귀한다. 재활 치료의 목표를 너무나 잘 지키고 있는 병원이었다.

환자들이 식당에서 식사를 하는 동안 병실을 둘러보았다. 중증 장애를 입은 환자를 위한 고급 병실에는 거동이 어려운 환자가 독립적으로 생활할 수 있도록 최첨단 기계가 설치되어 있었다. 전화를 걸고, 간호사를 부르고, TV와 전등을 켜고 끄는 음성 인식 장치가 침대에 연결되어 있었다. 병실에 딸린 화장실 역시 최신식이었다. 벽에는 안전 바가 달려 있고, 높이 조절 의자와 샤워 벤치가 놓여 있었다. 일반 병실도 4인실이라고는 하지만 춤을 춰도 될 만큼 공간이 넉넉했다. 환자의 사생활을 존중해 주기 위해 각 침대마다 TV와 조명등이 따로 있었다.

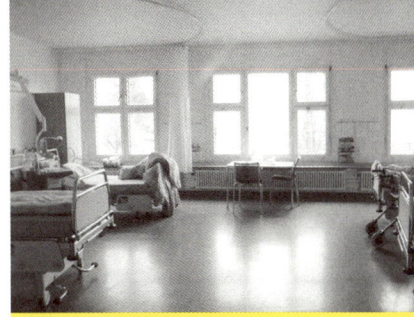
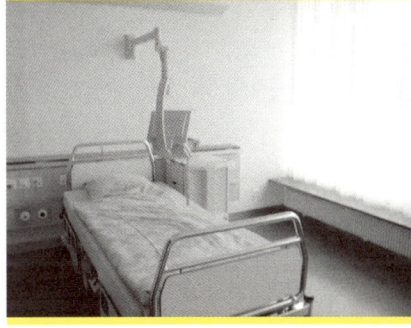

환자 각자의 휴식을 배려한 4인실(위), 환자의 독립생활을 돕는 첨단 설비를 갖춘 특실(아래).

치료실로 향했다. 가장 궁금한 곳은 작업 치료실이었다. 작업은 의미 있고 목적 있는 개인 활동으로 정의할 수 있는데, 작업 치료는 신체적·정신적 장애를 가진 사람이 지금의 능력을 최대한 활용하여 독립적인 생활을 할 수 있도록 작업을 이용해 치료하는 것이다. 한국에서는 아직 초기 단계인 작업 치료가 구체적으로 어떻게 이루어지고 있는지 궁금했다.

환자들의 작품으로 가득한 작업 치료실. 환자는 작업 치료사와 함께 보조 도구의 도움을 받아 작품을 완성하면서 보람을 느끼는 동시에 독립생활을 해 나갈 능력을 기른다.

발그리스트 병원의 작업 치료실은 여러 공간으로 나뉘어져 있었다. 바로 대부분의 활동이 이루어지는 작업 치료실과 일상생활로의 복귀를 준비하는 일상생활 훈련실, 개인의 특성에 맞춰 보조기를 제작하는 공간과 휠체어 처방을 위한 공간이다. 이곳의 작업 치료실은 한국의 치료실과 같으면서도 달랐다. 작업 치료사와 환자가 있고 탁자 위에 도구들이 놓인 모습은 같았다. 분위기는 비슷했지만 작업 치료의 내용과 깊이에 차이가 있었다. 작업 치료실에서 만난 한 환자는 몇 주에 걸쳐 그림을 그리는 중이라고 했다. 치료사와 보조 도구의 도움을 받아 작품을 완성해 가면서 보람을 느낀다는 환자는 그에게 꼭 맞는 '맞춤형' 작업 치료를 받고 있었다. 이런 식으로 작업 치료실에서는 환자 개인의 선호에 따라 미술 작품을 만들거나, 비즈 공예를 하고, 악기를 연주한다. 치료실 한쪽은 목공소로 착각할 정도로 시설이 잘 갖춰져 있었다. 목공예에 관심이 있는 환자를 위한 공간이었다. 퇴원할 때 여기서 직접 만든 문패를 가지고 가는 환자도 있다고 했다.

이런 환경에 부러움을 느끼는 한편으로 스스로를 돌아보게 되었다. 작업 치료사로 일하면서 나는 환자 개개인의 흥미와 필요에 얼마나 관심을 가졌던가? 병원의 예산 문제로 물품 구입이 자유롭지 않다는 핑계에 기대어 환자들의 흥미나 선호와는 상관없이 책상 앞에서 똑같은 치료만 반복했던 것은 아닐까?

물리 치료실은 작업 치료실에 비해 공간이 확 트여 있었다. 달리기를 해도 될 만큼 넓은 공간에 다양한 걷기 연습을 할 수 있는 수평바, 여러 높이의 계단, 심지어 암벽까지 설치되어 있었다. 치료실과 연결된 문을 열고 밖으로 나가니 다양한 종류의 계단과 턱이 보였다. 환자들이 앞으로 외부에서 활동하며 겪게 될 어려움에 대비해 미리 훈련하는 곳이었다. 물리 치료실 옆에는 환자들의 체육관이 따로 있었다. 근력을 향상해야 한다는 처방을 받은 환자들은 이곳에서 물리 치료사의 도움을 받거나 스스로 근력 운동을 한다.

이어 찾은 곳은 수중 운동 치료실. 얼핏 보니 큰 수영장처럼 보

병원 문을 나서면
바로
사회로 복귀한다

신체 기능 향상을 위한 다양한 설비를 갖춘 물리 치료실(위)과 수중 운동 치료실(아래).

였다. 상처가 노출되어 있지 않거나 특별한 위험 요인이 없는 환자들은 대부분 이곳에서 수중 치료를 받는다. 환자와 치료사는 일대일로 세션을 진행하는데, 이동을 위한 장비와 치료에 필요한 보조 도구들이 갖추어져 있었다. 물속에서는 몸의 움직임을 잘 느낄 수 있으므로 병원에서는 사지의 움직임이 신경 회복에 미치는 영향을 연구 중이라고 했다. 수중 운동을 더 하려는 환자는 한쪽에 설치된 수영장에서 독립적으로 운동을 할 수도 있다.

보행 연습실에서는 환자 한 사람이 보행 훈련을 받고 있었다. 로봇 보행 기기인 로코매트 LOCOMAT에 몸을 의지하여 시뮬레이션 화면을 보면서 걷는 연습을 하는 중이었다. 환자는 화면에 보이는 내용 때문에 집중력이 흐트러지거나 체중이 한쪽으로 쏠리는 등 문제가 나타날 때면 자세를 고쳐 가면서 적응 훈련을 했다.

척수 재활 전문 병원이라는 명성대로 발그리스트 대학병원에서는 전문적인 치료와 연구가 이루어지고 있었다. 환자들이 편히 쉴 수 있는 환경과 최첨단 시설이 갖추어져 있었을 뿐만 아니라, 환자들이 치료 후 바로 사회에 복귀할 수 있도록 하겠다는 목표로 철저히 치료하고 있었다. 절로 그런 병원에서 작업 치료사로 일해 보고 싶다는 욕심이 났다. 그리고 우리 환자들도 최고의 환경과 시스템 속에서 치료를 받았으면 하는 아쉬움에 쉽게 발걸음을 옮길 수 없었다.

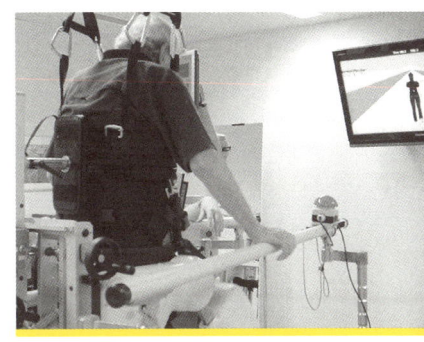

보행 훈련을 위한 로코매트 설비. 정면에 달린 시뮬레이션 화면을 보면서 걷는 자세를 교정한다.

글·박세숙

발그리스트 대학병원
Uniklinik Balgrist

주소   Forchstrasse 340, 8008 Zürich, Swiss
전화   41-44-386-11-11
이메일 info@balgrist.ch
홈페이지 www.balgrist.ch

장애 이전의 상태로 되돌리는 치료

미국 케슬러 재활병원

푸른 잔디와 작은 언덕이 어우러진 아름다운 자연 속에 자리 잡은 케슬러 재활병원^{Kessler Institute for Rehabilitation}은 미국 재활 전문 병원 중에서 가장 규모가 크다. 2011년 『US 뉴스&월드 리포트』가 미국에서 두 번째로 좋은 재활병원으로 선정한 이곳은 미국 장애재활연구소^{NIDRR}가 척수 손상과 뇌 손상의 치료 및 연구 모델로 지정한 6곳 중 하나이기도 하다.

케슬러 병원은 1949년 헨리 케슬러^{Henry H. Kessler} 박사의 작은 벽돌집에서 시작되었다. 16개의 병상으로 출발한 작은 병원은 역사의 흐름을 타고 성장해 지금은 336개의 병상을 갖춘 대규모 재활 전문 병원이 되었다. 뉴저지 주 웨스트 오렌지(152병상), 새들브룩(112병상), 체스터(72병상), 3곳에 입원 재활 시설이 있다. 2009년 입원 환자는 6900명,

케슬러 재활병원 본관 입구. 1949년 헨리 케슬러 박사의 작은 벽돌집에서 16개의 병상으로 출발한 병원은 어느덧 336개의 병상을 갖춘 대규모 재활병원이 되었다.

외래 환자는 5900명인데 뉴저지 인근뿐 아니라 멀리 텍사스와 플로리다, 유럽, 남아메리카에서도 치료를 받으러 온다. 영화 〈슈퍼맨〉의 주연 배우였던 크리스토퍼 리브도 이곳에서 재활 치료를 받았다. 입원 환자의 46퍼센트는 정형외과적 재활 치료가 목적이고 뇌졸중과 뇌 손상 환자의 비중도 각각 19퍼센트, 15퍼센트로 높다.

케슬러 병원은 재활 전문 병원이다 보니 별도의 수술실이 없다. 수술 대신에 의학적으로 안정된 환자들을 대상으로 운동 기능 향상에 중점을 둔다. 재활 치료에 필요한 다양한 첨단 장비들을 구비하고 있

장애 이전의
상태로
되돌리는 치료

헨리 케슬러의 동판(위), 기부자들의 이름으로 장식한 벽면(아래).

지만 화려한 외형보다는 전문 인력과 환자 중심의 시스템으로 더 유명하다.

밝고 편안한 색감의 병실로 들어서니 모든 침상에서 창밖을 내다볼 수 있도록 침대가 배치되어 있었다. 한국과는 달리 가족이 병구완에 매달리는 모습은 보이지 않았다. 가족과 친구는 치료 시설에는 접근할 수 없고 따로 마련된 접견실에서 환자와 만난다.

척수 손상센터를 둘러보았다. 누가 환자이고 누가 의료진인지 얼핏 봐서는 알기 어려웠다. 환자들은 환자복이 아닌 편안한 복장으로 마치 일상생활을 하는 듯이 치료를 받고 있었다. 치료사들 역시 이름표는 달고 있지만 획일적인 유니폼 차림은 아니었다. 치료사와 환자의 비율이 일대일에서 이 대 일 정도인 만큼 집중적인 치료가 이루어지고 있었다. 일상생활 감각을 중시하여 식사 시간이면 입원 환자들도 식당으로 나와 함께 식사를 했다.

케슬러 병원에서는 환자 한 사람 한 사람에게 맞는 재활 목표를

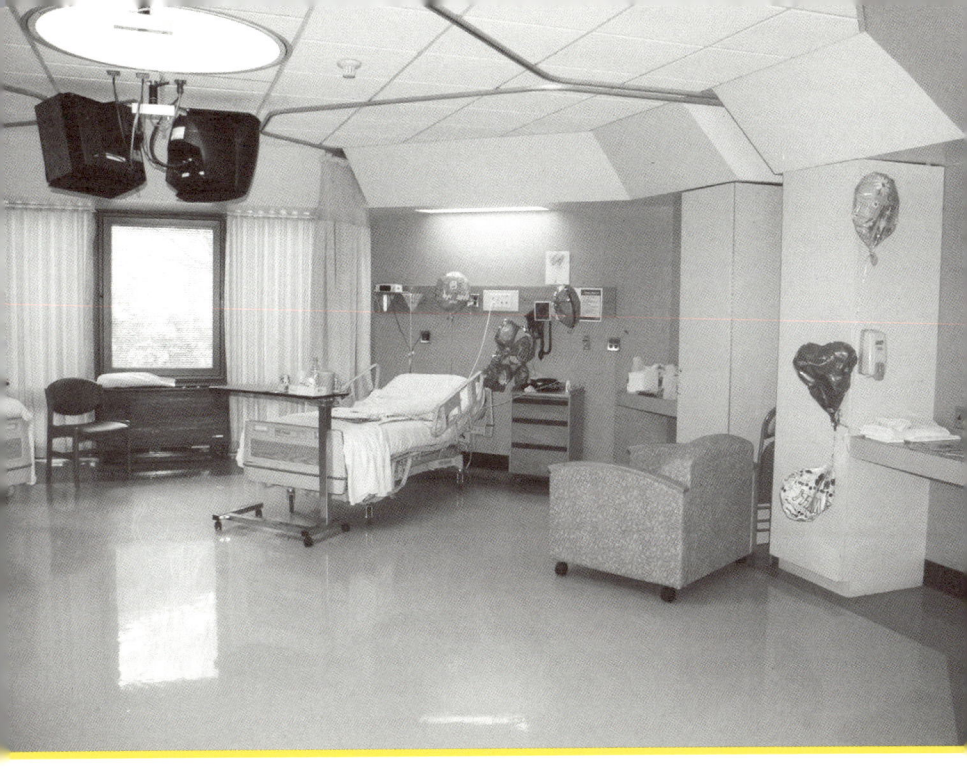

밝고 따뜻한 색감의 병실. 어느 침상에서든 창밖을 내다볼 수 있도록 침대가 배치되어 있는 점이 인상적이었다. 가족이나 친구는 병실이 아닌 접견실에서 따로 만나게 되어 있다.

설정하고 치료를 진행한다. 매일 아침 모든 의료진이 모여 담당 환자의 상태와 치료 계획을 논하는 회의를 진행하고, 일주일에 한 번은 환자와 환자 가족이 모두 참석하는 종합 회의를 연다. 이 회의를 통해 환자는 스스로 재활 목표를 재설정하고 동기를 부여하는 계기를 마련한다. 병원은 각종 교육 프로그램을 제공해 환자 가족들이 장애를 이해하도록 돕고 환자에게 필요한 지원 사항을 알려 주기도 한다.

이 병원을 세운 헨리 케슬러 박사가 재활을 정의한 내용은 재활의학 교과서에 등장할 정도로 유명하다. 케슬러 박사는 재활을 두 가

장애 이전의
상태로
되돌리는 치료

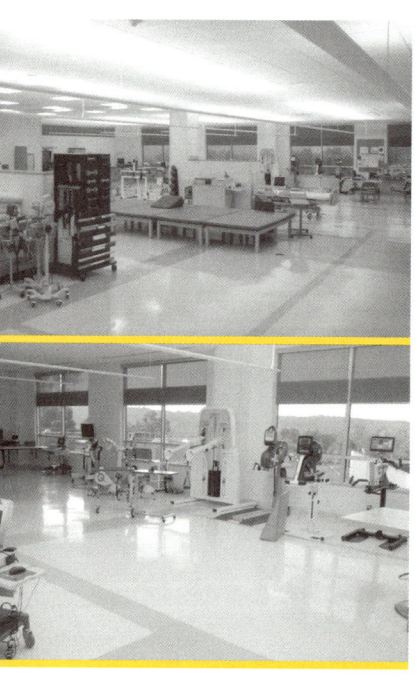

척추 손상 환자를 위한 운동 치료실.

지 측면에서 설명했다. 재활이란 첫째로 의료진이 온힘을 다해 장애 이전의 상태로 환자의 몸을 회복시키기 위해 노력하는 과정이고, 둘째로 의학적 재활을 마친 사람을 위해 사회 전체가 신체적, 정신적, 경제적 자립을 돕는 과정이라는 설명이다. 실제로 케슬러 병원에서는 신체의 기능을 회복하는 것은 물론이고, 사고나 질병 이전의 상태로 생활을 되돌리는 재활을 중시한다. 환자는 보장구를 착용하고서 식당, 영화관, 상점 등을 이용하는 실생활 적응 훈련을 하고, 부엌과 똑같이 꾸며진 곳에서 식사 준비를 하는 요리 교실에 매주 참여한다. 스포츠, 레크리에이션, 여행, 창작 프로그램도 활발하게 진행되고 있다.

이러한 재활 치료에 대한 환자의 만족도는 대단히 높다. 케슬러 병원의 부회장 보니 에번스$^{Bonnie\ A.\ Evans}$ 박사는 "가족이나 친구가 재활 치료를 받아야 한다면 우리 병원을 권하겠다고 답한 환자가 96퍼센트나 됩니다."라고 자랑했다. 케슬러 병원에서는 목욕, 옷 갈아입기, 운전 등 일상생활을 중심으로 한 기능향상측정^{RIM}을 하고, 환자의 평가를 토대로 치료 목표 달성 여부를 평가하는데 2009년의 경우 환자의 88퍼센트가 치료 목표를 달성한 것으로 집계되었다.

이곳의 환자들은 일주일에 최소 5일, 하루에 3시간 이상 치료를 받는다. 평균 입원 치료 기간은 16일이고, 치료를 마친 환자의 약 80퍼센트가 가정과 공동체로 복귀한다. 장기 요양 시설로 옮기는 환자를 최대한 줄이고 이전 생활 환경으로 돌려보내는 것이 이 병원의 목표다.

여기서 한 가지 의문이 들었다. 아무리 집중 치료를 한다고 해도 20일도 채 안 되는 기간만으로 80퍼센트 이상이 공동체로 복귀하는 것이 가능할까? 어쩌면 한국과는 재활 시스템이 다르기에 가능한 일인지도 모른다.

미국의 입원 재활 시설은 크게 네 가지로 분류된다. 급성기 병원$^{Acute\ care\ hospital,\ 한국의\ 대학병원에\ 해당}$, 급성기 재활병원$^{Acute\ rehabilitation\ hospital}$, 아급성기 재활병원$^{Subacute\ rehabilitation\ hospital}$, 요양 시설$^{Nursing\ home}$이다. 케슬러 병원은 급성기 재활병원에 해당한다. 뇌졸중으로 쓰러진 환자가 있다고 하자. 환자는 급성기 병원에서 3일~7일간 입원 치료를 받은 뒤 담당 의사의 판단에 따라 급성기 재활병원이나 아급성기 재활병원으로 옮겨져 2주~3주 동안 집중적인 재활 치료를 받는다. 이때 환자가 하루에 최소 3시간이 넘도록 재활 치료를 받을 수 있다면 케슬러 병원과 같은

장애 이전의
상태로
되돌리는 치료

케슬러 병원의 정문은 환자와 그 가족만 이용할 수 있다. 환자를 최우선으로 하는 철학이 엿보인다.

급성기 재활병원으로, 환자에게 재활의 가능성은 있지만 현 상황으로는 3시간 이상 치료에 참여할 수 없다면 아급성기 재활병원으로 옮겨진다.

그런데 급성 뇌졸중 환자가 급성기 재활병원에 입원할 경우 보험사에서 병원에 지불하는 치료비는 하루 약 2000달러(약 220만 원)다. 한국의 재활병원에 비하면 치료비가 터무니없이 비싸다. 인력과 시설, 널찍한 공간 등 케슬러 병원을 보면 부러움이 앞서지만 엄청난 치료비를 생각하면 단순 비교하기에는 무리가 있다는 생각이 든다.

모든 사람들이 최상의 치료를 꼭 필요한 시기에 받을 수 있다면 얼마나 좋을까? 그것도 자연 친화적인 환경 속에서 인간적인 배려를 받으면서 치료할 수 있다면? 하지만 꼭 미국식으로 엄청난 치료비를 내야만 신체 기능을 최대한 회복해서 이전 생활로 돌아갈 수 있는 것일까?

풀리지 않는 의문을 안고서 답답한 마음으로 케슬러 병원을 나서며 정문을 돌아보았다. 들어갈 때와 나올 때, 우리는 정문이 아니라 다른 문을 사용했다. "환자와 그 가족들만 이 문을 사용할 수 있습니다." 처음에 이런 설명을 들은 기억이 났다. 어쩌면 이 말이 케슬러 병원의 철학을 상징적으로 보여 주고 있는지도 모른다. 의료 체계는 다를지라도 이런 정신이야말로 재활 치료의 출발점이 아닐까?

글·최성환

케슬러 재활병원
Kessler Institute for Rehabilitation

홈페이지 · www.kessler-rehab.com

웨스트 오렌지 West Orange
주소 · 1199 Pleasant Valley Way, West Orange, NJ 07052, USA   전화 · 1-973-731-3600

새들브룩 Saddle Brook
주소 · 300 Market Street, Saddle Brook, NJ 07663, USA   전화 · 1-201-368-6000

체스터 Chester
주소 · 201 Pleasant Hill Road, Chester, NJ 07930, USA   전화 · 1-973-252-6300

기적 릴레이는 계속된다

미국 랜초 로스 아미고스 국립재활병원

"나를 다시 살린 것은 줄기세포가 아니라 환자 중심의 작업 치료와 첨단 재활 보조 공학이었습니다."

전신 마비의 재앙을 딛고 '한국의 스티븐 호킹'으로 우뚝 선 이상묵 서울대 지구환경과학부 교수. 미국 캘리포니아 사막에서 차량 전복 사고를 당한 이 교수는 불과 6개월 만에 다시 강단에서 섰다. 우리 실정으로는 상상도 하기 힘든 일을 현실로 만든 곳이 미국 LA에 있는 랜초 로스 아미고스 국립재활병원 Rancho Los Amigos National Rehabilitation Center 이다.

척수 재활 분야에서 첫손가락에 꼽히는 랜초 병원은 외관이 으리으리하거나 초현대식 편의 시설을 자랑하는 곳이 아니었다. 넓은 부지에 깔끔하게 정성들여 가꾼 곳이라는 느낌은 들었지만 '최신'과

랜초 로스 아미고스 국립재활병원에서 재활 치료를 받고 성공적으로 사회로 복귀한 서울대 이상묵 교수. 차량 전복 사고로 전신이 마비되었으나 불과 6개월 만에 다시 강단에 섰다.

'첨단'을 내세우는 요즘 병원들과는 거리가 있어 보였다. 전신 마비로 고민하던 학자를 몇 달 만에 강단에 다시 세운 힘은 어디서 나온 것일까?

395개의 병상을 운용하는 랜초 병원은 서던 캘리포니아 대학교 USC 의과대학의 자매 병원이지만 기본적으로는 정부의 지원으로 운영되는 공공병원이다. LA시민은 물론 의료보험이 없는 여행자나 이민자 등 누구나 치료받을 수 있는 열린 병원이다. 그러면서도 척수 재활 치료의 '교과서'로 불릴 만큼 선구적인 의료기술을 확보하고 있다. 미국

기적
릴레이는
계속된다

랜초 로스 아미고스 병원의 전경. 랜초 병원은 이민자와 극빈자를 위한 구제 병원에서 시작됐다.

연방정부로부터 척수 재활 분야의 모델 병원으로 지정돼 지원을 받고 있다.

랜초 병원의 재활 철학은 명확하다. 환자가 사고나 병으로 장애를 입기 이전의 직업 현장으로 되돌아가 인간적인 삶을 살 수 있도록 한다는 것이다. 환자가 처음 병원을 방문하면 가장 먼저 정신과 전문의가 집중 상담에 들어간다. 청천벽력 같은 장애의 충격에서 벗어나 현실과 미래를 함께 설계해 나가자는 취지다. 그 뒤에 각 분야의 의료진으로 구성된 10명 안팎의 재활팀이 육체적 재활은 물론 직업 복귀를 통한 사회적 자립에 이르는 최적의 지름길을 탐구한다. 환자의 재활을 측면에서 지원하는 가족도 상담과 교육의 대상이다.

스페인어로 '내 친구의 목장'이라는 뜻을 가진 랜초 로스 아미고스 병원은 긴 역사를 갖고 있다. 1888년 오갈 데 없는 이민자와 가난한 사람들을 위해 문을 연 LA카운티병원(빈민구제병원)에 뿌리를 둔 랜초 병원은 1920년대부터 물리 치료와 작업 치료 개념을 본격적으로 도입했고, 1951년 소아마비 전문 병원으로 지정되면서 규모가 크게 확장되었다. 1970년대에 뇌 손상 환자 인지 기능 척도를 자체 개발한 것을 비롯해 연구 분야에서도 재활의학의 발전을 앞서 이끌고 있다. 『US 뉴스&월드 리포트』가 선정하는 '미국 최고의 병원'에 20년 이상 빠짐없이 이름을 올리고 있다.

랜초 병원이 직업 재활의 선구적 위상을 오늘에 이르기까지 확고부동하게 지킬 수 있었던 가장 큰 요인은 첨단 IT기술을 접목한 선진

랜초 병원 첨단 보조 공학 서비스의 중심, CART. 첨단 IT기기로 성공적으로 직업에 복귀할 수 있게 지원한다.

적 재활 보조 공학이다. 환자에게 입이나 안구, 손가락 등을 움직일 수 있는 신체 기능이 조금이라도 있으면 첨단 장비를 통해 의사소통과 일상생활과 직업 활동이 가능하도록 집중적으로 지원한다. 홍보 담당자인 셰릴 그윈$^{\text{Cheryl Guinn}}$ 씨는 이렇게 말했다. "랜초 병원의 환자 1인당 하루 진료 비용은 2500달러(약 270만 원)로 미국 평균 1700달러(약 180만 원)를 크게 웃돕니다. 하지만 그만큼 전반적으로 의료 서비스 수준이 높죠. 사무직이나 연구직에 종사했던 환자의 경우에는 대부분 업무에 복귀할 수 있는 정돕니다." 치료를 마치고 랜초 병원에서 일하는 환자도 많다. 랜초 병원의 직원 중 3분의 1이 예전에 이곳에서 치료를 받은 사람들이라고 한다.

보조 공학 연구의 적용과 훈련은 작업 치료센터인 CART$^{\text{Center for}}$

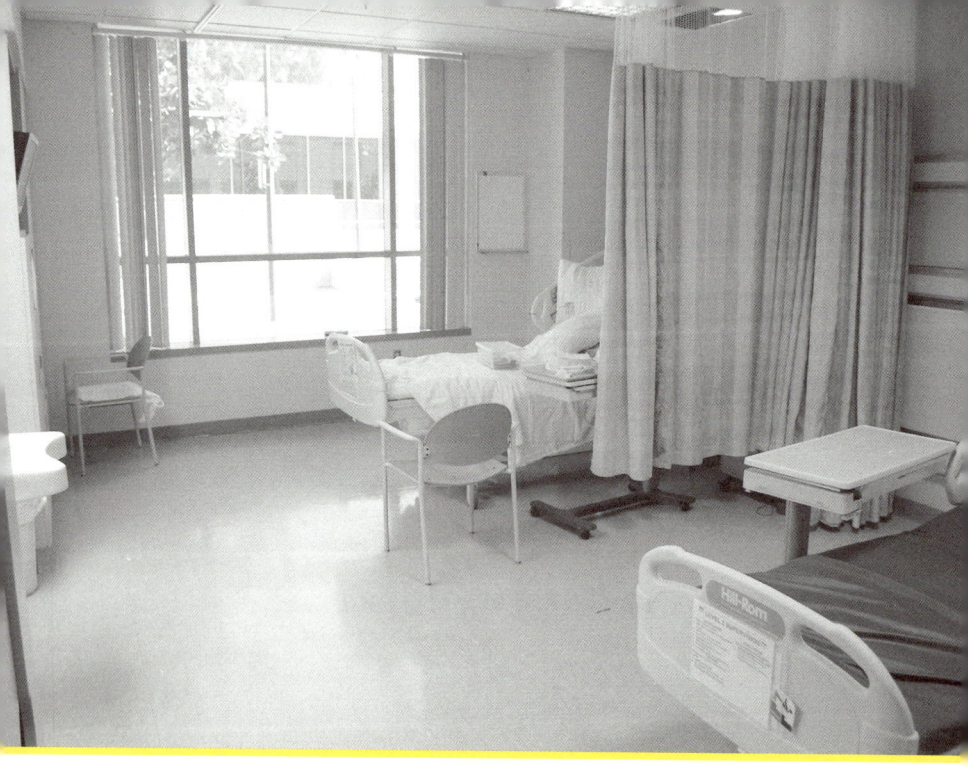

환자가 마음 편하게 휴식할 수 있도록 돕는 정갈한 병실의 모습. 처음 병원에 들어오면 정신과 상담을 거쳐 전문 재활팀의 프로그램을 통해 재활에 들어간다.

Applied Rehabilitation Technology에서 진행된다. 1989년 문을 연 CART에서는 물리 치료사, 언어 치료사, 작업 치료사, 레크리에이션 치료사와 엔지니어가 팀을 이뤄 독립생활에 필요한 보조 공학 기술을 장애인 개개인에 맞춰 처방하고 훈련시킨다. 앉기와 이동, 의사소통 확장, 일상생활을 해 나가는 데 필요한 전자장치와 컴퓨터 사용이 주요 훈련 영역이다.

  손가락 일부를 제외하고 목 아래를 전혀 움직일 수 없었던 이상묵 교수도 이곳을 거쳐 단기간에 학자로서의 일상에 복귀할 수 있었다. "IT기술은 장애인에게 신이 내려준 축복과도 같은 선물입니다. 컴퓨터를 이용해 인터넷에 접속하는 순간, 나 같은 장애인과 비장애인의 격차는 현격하게 줄어듭니다." 이 교수의 말이다. 목 아래가 마비된 환자들도 이제는 눈동자 인식 마우스, 입김 마우스, 턱으로 작동하는 마우스 등을 통해 컴퓨터를 작동시켜 드넓은 네트워크에 접속해 세상 속으로 들어갈 수 있게 되었다.

랜초 병원에서는 척수 환자의 경우 일반적으로 6주간의 재활 프로그램을 적용한다. 재활팀이 환자의 상태를 어떻게 평가하느냐에 따라 재활 기간은 조정될 수 있다. 이렇게 매년 약 4000명의 입원 환자가 랜초 병원의 앞선 재활 치료를 통해 자활의 꿈을 키우고 있다. 외래 환자 진료 건수는 약 8만 건이다. 웰니스 센터, 첨단 로보틱 센터, 재활 엔지니어링, 알츠하이머 데이케어 센터, 원격 의료등 다양한 프로그램이 공동체 복귀와 개인의 자립을 적극적으로 돕는다.

예체능 활동 지원 프로그램 덕분에 수준 높은 작품이 많이 나온다(위), 프로그램 시설 중 하나인 농구장(아래).

환자의 자부심과 독립성을 키우기 위한 문화 예술 프로그램도 풍부하다. 휠체어 스포츠, 환자 패션쇼, 애완동물 프로그램, 척추 환자 게임 등과 함께 랜초 예술 프로그램을 통해 창작 활동도 장려한다.

작업 치료와 직업 재활, 첨단 공학과 같은 랜초 병원의 성공 요인 이면에는 강력한 환자중심주의가 자리 잡고 있다. 환자 개인의 신체적, 사회적 문제를 다각도로 살피고 나서 병원 문을 나선 환자에게 인간다운 삶을 보장해 줄 수 있도록 의료 서비스를 조직한다.

2011년 미국 보건후생부에서 환자들을 대상으로 실시한 조사에서 랜초 병원은 77점을 받아 미국 병원의 평균 점수인 68점을 크게 웃돌았다. 인터뷰에 응한 한 환자 가족은 "재활 치료 과정 중에 고칠 점이 있다면 무엇인가요?"라는 질문에 "아무 것도 없습니다. 랜초 병원에서 남편을 재활 치료하며 시도했던 모든 것들이 적절했어요. 덕분에 남편이 빨리 회복될 수 있었습니다. 후속 통원 치료도 대단히 훌륭했고요."라고 답했다.

악명 높은 미국의 의료보험제도에 개혁 바람이 일면서 공공병원인 랜초 병원의 위상이 한층 강화될 것으로 기대된다. 그러나 걸림돌이 없지는 않다. 전체 병원 운영비의 25퍼센트를 차지하는 지방정부 지원금이 대폭 축소될 것이라 한다. 이렇다 보니 '비용 감축과 효율적 치료'가 병원 운영의 화두가 되었다.

이런 재정 문제를 풀기 위해 랜초 로스 아미고스 재단이 앞장서

뛰고 있다. 기금을 모아 웰니스 센터, 휠체어 스포츠 프로그램, 승마 치료, 로보틱 기술 등 30개 이상의 환자 프로그램을 지원한다.

"날마다 기적이 일어나는 우리 병원의 후원자 중 많은 사람이 예전에 랜초 병원에서 치료를 받은 환자들입니다. 기적 릴레이는 계속 될 겁니다." 랜초 로스 아미고스 재단 관계자의 말이다.

글 · 정태영

랜초 로스 아미고스 국립재활병원
Rancho Los Amigos National Rehabilitation Center

주소 7601 East Imperial Highway, Downey, CA 90242, USA
전화 1-562-401-7111
이메일 Inquiry@rancho.org
홈페이지 www.rancho.org

나눔으로
꽃 피운
무료 병원

미국 텍사스 스코티시라이트 어린이병원

"나는 왜 치료비를 내지 않은 거죠?"

2002년 텍사스 스코티시라이트 어린이병원(Texas Scottish Rite Hospital for Children)에서 무료로 손가락 수술과 재활 치료를 받은 벤 세이터(Ben Sater)가 퇴원을 앞두고 던진 질문이다. 당시 11살 꼬마였던 벤은 자신이 받은 사랑을 다른 어린이들에게 되돌려 주고 싶었다. 그래서 나이키 골프 회사에서 일하는 아버지에게 제안해 2003년 키즈스윙(KidSwing) 대회를 만들었다. 키즈스윙 대회는 스코티시라이트 병원의 어린이 환자들이 주도하는 자선 골프 대회다.

키즈스윙 대회에 참가하는 7세~18세 선수들은 가족과 친구 또는 지역에 있는 회사를 찾아간다. 어린 선수들이 직접 프레젠테이션을 하면서 골프 대회가 어떻게 만들어졌는지, 후원이 왜 필요한지 그리고

안정감을 주는 베이지색 건물 외관에는 기부자의 이름을 딴 센터임이 표시되어 있다. 텍사스 스코티시라이트 어린이병원은 정부 지원 없이 기부금을 토대로 환자들에게 치료비를 받지 않는다.

모여진 기부금은 어떻게 쓰이는지를 이곳저곳에 알리고 100달러(약 11만 원)씩 내도록 설득한다. 병원은 이들이 대회에 즐겁게 참가할 수 있도록 뒤에서 돕는 역할만 할 뿐이다. 이렇게 9년간 이어온 키즈스윙 대회는 텍사스 주 3개 지역을 돌면서 열리고 있다. 지금까지 500여 명의 어린이들이 참가했고, 120만 달러(약 13억 원) 이상의 기부금이 모였다.

  진료비 청구서가 없는 스코티시라이트 어린이병원은 척수성 소아마비를 앓는 어린이들을 위해 지역의 프리메이슨 회원들이 텍사스

나눔으로
꽃 피운
무료 병원

키즈스윙 골프 대회를 제안한 벤 세이터(위), 2010년에 기부금이 누적 100만 달러를 돌파했다(아래).

주 최초의 소아 정형외과 의사 W. B. 카렐^{W. B. Carrell}을 초빙해 1921년 문을 열었다. 1950년대에 백신 개발로 소아마비가 근절된 이후에는 척추 측만증, 내반족, 사지 결핍증 등과 같은 정형외과적 질환을 치료하고, 1965년에는 읽기 장애와 학습 장애를 가진 어린이를 위한 치료센터를 설립해 영역을 넓혀 왔다. 2000년대부터는 근골격계 및 신경학적 질환 치료법 연구를 위한 최첨단 연구센터를 운영하면서 미국에서 손꼽히는 소아 정형 전문 병원으로 발전했다. 1977년 3500만 달러(약 38억 원)의 기부금을 조성해 개축하면서 현재의 모습을 갖추었다. 어린이들에게 위압감을 주지 않기 위해 지하 2층, 지상 4층으로 높지 않게 지었다.

병원 내부로 들어서면 건물 전체에 고소한 팝콘향이 솔솔 퍼진다. 지하 1층 진료센터 로비에 위치한 팝콘 차에서 풍기는 냄새다. 스코티시라이트 병원의 상징이 된 이 팝콘 맛을 본 어린이들은 이곳을

지하 1층에 있는 접수대. 병원을 방문한 어린이들이 가장 먼저 만나게 되는 접수대는 아이들에게 맞춰 높이가 낮고 알록달록한 도형이 새겨져 있다.

잊지 못한다고 한다. 로비 천정에는 한 가족이 기부한 커다란 인형 조형물이 설치되어 있다. 1층에서 지하로 내려오는 내내 코와 눈이 즐거워 놀이동산에 놀러 온 듯한 기분이 든다. 병원 곳곳에는 아이들이 좋아할 만한 그림과 작품들이 비치되어 있는데 이 모두가 기부로 이루어진 것이다. 병원의 작은 요소 하나까지 기부자들의 손길이 닿지 않은 곳이 없었고, 병원 역시 기부자의 뜻을 알리려는 수고를 아끼지 않았다.

어린이 환자들은 병원을 찾으면 먼저 접수대에서 보라색 스티커

나눔으로
꽃 피운
무료 병원

어린이 환자를 안내하는 보라색 스티커(위), 입원 환자들의 학습 지원을 위한 병원학교 교실(아래).

를 받아 스티커에 그려진 그림과 같은 모양의 이정표를 따라 예약 장소로 찾아간다. 그렇게 찾은 곳에는 혈액 검사실, 정형외과 진료실이라는 이름 대신에 하키실$^{\text{hockey exam}}$, 축구실$^{\text{soccer exam}}$, 인어실$^{\text{mermaid room}}$ 등 호기심을 자극하는 이름이 붙은 방이 기다리고 있다.

진료실로 들어가면 의료진의 책상은 찾아볼 수가 없고 바다 속을 표현한 예쁜 커버가 덮인 진료용 침대만 놓여 있다. 의료진은 진료실과 연결되는 공동 사무 공간에서 문을 열고 나타나 아이들을 반긴다. 어린 아이들이 의사를 처음 만나면 겁에 질리는 경우가 많기 때문에 설계할 때부터 아이들의 특성을 고려했음을 알 수 있었다.

진료 대기실엔 지루함을 없애 주는 그림자 놀이터가 있고, 소독약 냄새 대신 팝콘향이 가득했다. 빨간색 가운을 입은 직원들이 일하고 있는 병원 곳곳에서 어린이 환자들이 즐겁게 치료받을 수 있도록

미국 텍사스 스코티시라이트 어린이병원

배려한 환자 중심의 인테리어와 아이디어를 발견할 수 있었다.

지하에는 널찍한 보조 공학실이 있다. 여기서 일하는 직원 36명 중 4명은 장애인이고, 그중 관리자 2명은 스코티시라이트에서 치료를 받은 환자라고 한다. 보장구 또한 무료로 지원하고 있는데 환자 1인당 5000달러(약 550만 원)에서 4만 달러(약 4400만 원)에 이르는 수준이다. 보조 공학실을 둘러보다 재미있는 캐릭터가 그려진 커다란 기계에 눈길이 멎었다. 1999년 텍사스의 레이싱팀 스피드웨이에서 기부한 최첨단 3D 스캔 방식의 CAD/CAM이다. 이 장비를 들여놓은 뒤 의족, 의수 등 맞춤형 보장구를 제작하는 기간이 6주에서 2주로 단축되었다고 한다.

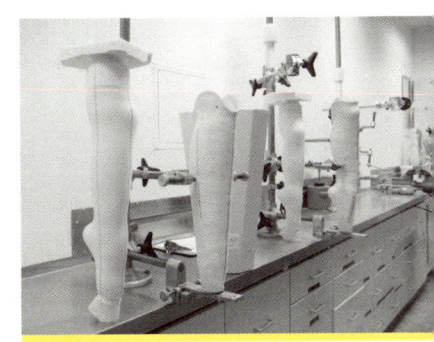

3D 스캔 방식의 CAD/CAM으로 제작한 맞춤형 의족. 보장구 역시 무료로 지원된다.

근골격계 연구를 활발히 진행하는 연구센터로 가 보자. 센터 입구에는 상지 절단 장애 어린이들의 꿈을 지원하는 특수 골프채, 척추 측만 환자를 위한 척추 교정 스탠드 등이 전시되어 있다. 스코티시라이트 병원은 현재 20개의 특허를 보유하고 있는데 척추 측만 환자를 위한 특정 기술의 경우 기존에 5개월~6개월이나 걸리던 입원 치료 기간을 1주로 단축하는 혁신적인 기술이라고 한다.

3층에는 100개의 병상을 갖춘 입원 병동이 있다. 모든 병실은 1인실로 각 실마다 환자 연령과 상태에 맞춰 사용하는 두 종류의 침상이 비치되어 있고, 보호자를 배려한 침상이 별도로 구비된 병실도 있다. 병동 입구 간호 스테이션 옆에는 치료가 길어지는 어린이 입원 환자를 위한 학교가 자리 잡고 있다. 파견 교사 2명이 진행하는 수업은 정규 교육 과정으로 인정된다. 치료뿐 아니라 수업 일정 또한 담당 의사, 간호사와 함께 상의하여 계획한다.

텍사스 스코티시라이트 병원에서 치료를 받기 위해서는 텍사스 주에 거주하는 18세 이하의 어린이로 소아 정형외과, 신경학적 장애 등 전문의 추천을 받아야 하고, 치료 후 개선 가능성이 있는 상태여야 한다. 무료 병원이라는 특징 때문에 보험이 없는 저소득 가정 어린이가 1순위 이용자가 될 것이라 예상했던 것과는 달리 이 병원이 환자를 받는 가장 중요한 기준은 치료 가능 여부였다. 그래서 경제력 있는 가정의 어린이들은 치료받은 후 기부 의사를 보이는 경우가 많다고 한다.

미국은 한국과는 달리 국민건강보험제도가 없어 대개는 고가의 비용을 지불해야 의료 서비스를 이용할 수 있다. 정부의 지원을 전혀 받지 않고 기부와 나눔의 힘으로만 운영되는 텍사스 스코티시라이트 어린이병원은 매우 예외적인 모델이다. 단순히 치료비를 받지 않는데 그치지 않고 질 높은 의료 서비스를 보장한다는 점에서 더욱 그렇다.

미국 텍사스 스코티시라이트 어린이병원

경제력 유무를 따지지 않기 때문에 이 병원을 찾은 어린이와 부모들은 가난 탓에 공짜 치료를 받는다는 부담감을 갖지 않고 충분히 존중받으면서 치료에 전념할 수 있다. 그렇게 치료 받은 환자들은 다른 환자들을 위해 또다시 나눔 운영에 동참한다. 선순환 시스템이 구축되는 것이다.

스코티시라이트는 골프 대회뿐만 아니라 마라톤 대회, 테니스 대회, 아트쇼, 패션쇼, 전시회, 지역 내 소매상이나 음식점과 함께하는 이벤트 등 매년 200여개의 크고 작은 행사를 열고 있다. 병원 홍보 책임자인 마이크 베이트먼^{Mike G. Bateman} 씨는 "행사는 대개 봉사자들이 자발적으로 개최한다. 많은 사람들이 참여하는 축제의 현장이 곧 기부의 현장이 되고 있다."라고 설명했다.

놀라운 것은 등록된 자원봉사자의 수가 무려 3400명에 이른다는 점이다. 이 가운데 가장 규모가 큰 '텍사스 스코티시라이트 자원봉

입원 중인 어린이의 만들기를 돕고 있는 자원봉사자(위), 진료 대기실에서 만난 문서 담당 봉사자(아래).

사지결핍증을 가진 라이앤 카 양은 텍사스 스코티시라이트 병원에서 재활 치료를 하면서 마라톤 대회에 참가하였다.

사단'의 회원 수는 800명이다. 14세에서 94세의 봉사자들이 활동하고 있는데 평균 연령은 60세로 퇴직자들이 많다. 회사 동료, 가족 단위 봉사도 일상적이다.

진료비를 받지 않고 100퍼센트 비영리로 운영되는 이 병원의 연간 운영비는 무려 1억 달러(약 1138억 원)에 달한다. 이 중 순수 기부금이 2000만 달러(약 220억 원)다. 그 밖에 기금 이자가 2000만 달러이고 기부 받은 토지 사용료 및 연구로 인한 저작권료가 5000만 달러(약 550억 원), 주식 투자로 인한 배당금이 1000만 달러(약 110억 원)다. 정부 지원은 전혀 없다. 의료보험 청구는 적자인 경우에 한해 제한적으로 이루어진다고 한다.

텍사스 스코티시라이트 병원은 이처럼 기부자가 만들고 운영하는 병원이다. 전체 기부의 70퍼센트는 개인 기부자에 의해 이루어진다. 나머지는 기업이 15퍼센트, 기부 단체가 15퍼센트를 차지한다. 국가에서는 현금, 축의금, 유서, 신탁 등 다양한 방식의 기부에 25~30퍼센트의 세금 공제 혜택을 준다. 병원도 각별한 노력을 하고 있다. 기부자가 1000만 달러를 기부하겠다는 유서를 신탁하면 병원에서는 상속세의

크리스마스트리 꾸미기에 참가한 51개 자원봉사팀(위), 감사패를 받고 기념 촬영 중인 자원봉사팀(아래).

일부를 미리 연금 형태로 돌려주고 있다. 고액 기부자를 위한 공동체를 만들고 재정 상담, 법률 상담, 스케줄 관리까지 도맡아 준다.

기부 개발팀장인 캐럴라인 로$^{Caroline\ Law}$ 씨는 병원과 기부자 사이의 신뢰와 공감대 형성을 강조했다. "우리 병원은 기부자와 '친구'가 되려고 노력합니다. 첫 기부자에게는 사흘 이내에 감사 카드를 보내고

나눔으로
꽃 피운
무료 병원

있어요. 차를 마시거나 식사를 하면서 자연스럽게 병원을 알리고 소통을 하며 신뢰를 쌓습니다. 만남이 어려운 기부자와는 두 달에 한 번씩 반드시 통화를 하거나 지역 기부자 모임을 열어 병원 운영에 동참하고 있다는 생각을 심어 줍니다."

90년 이상 역사를 이어온 스코티시라이트는 설립 후 지금까지 줄곧 기부와 나눔으로만 운영되는 병원이다. 빈부를 떠나 장애 어린이들이 제때에 꼭 필요한 치료를 받을 수 있는 기회를 마련하고자 했던 이들의 사랑이 이 같은 기적을 이어오고 있다.

글 · 김수민

텍사스 스코티시라이트 어린이병원
Texas Scottish Rite Hospital for Children

주소   2222 Welborn Street, Dallas, Texas, USA
전화   1-214-559-5000
이메일   tsrhdv@tsrh.org
홈페이지 www.tsrhc.org

몸은 물론 환자의 삶 자체를 돌본다

미국 뉴욕대 러스크 재활병원

"두 팔을 잃은 병사가 아기를 안아 주지 못해 눈물 흘리는 사진을 봤습니다." "장애인이 된 사람들에게 세상은 아직 아름답다는 것을 알려주는 재활병원이 세워졌으면 좋겠습니다."

1946년 미국 뉴욕대 병원에 근무하는 한 의사 앞으로 수백 통의 편지가 배달되었다. 봉투 속에 수표를 동봉한 편지가 많았다. 회사원과 주부, 은퇴자, 죽음을 앞둔 할머니 등 평범한 사람들이 재활병원 건립 기금으로 써달라며 수표를 보낸 것이다. 몇몇 기업가는 원하는 만큼 금액을 적어 사용하라고 아예 백지 수표를 넣었다. 당시 '월가의 큰손'이라 불렸던 금융 재벌 버나드 바루크$^{Bernard\ Mannes\ Baruch}$를 비롯해 영화와 부동산 투자로 거부가 된 조지프 케네디$^{Joseph\ P.\ Kennedy}$ 등이 헌신적으로 모금 운동에 참여했다.

몸은 물론
환자의 삶 자체를
돌본다

끊이지 않는 기부 행렬 덕분에 세계 최초의 재활 전문 병원인 러스크 재활병원^{Rusk Institute of Rehabilitation Medicine}이 1951년 뉴욕 맨해튼에 세워졌다. 그 이후로 러스크 병원은 세계재활기금을 조성하였고, 세계 100여 개국의 의사와 치료사를 초청해 교육하면서 재활의학의 메카로 자리매김하게 되었다.

당시 미국에 재활병원 건립이 절박했던 데는 이유가 있다. 2차 세계대전이 끝나자 아시아와 아프리카, 유럽 전선에 참전했던 군인들이 대거 귀환했는데, 이들의 정신적·신체적 부상이 매우 심각했기 때문이다. 4년이 넘는 참혹한 전투에서 살아남기 위해 적을 죽여야 했던 죄책감과 공포로 정신 분열과 실어증 같은 정신 장애를 앓게 된 사람을 포함해 부상자가 67만 명이 넘었다.

군의관으로 참전했던 내과의사 하워드 러스크^{Howard A. Rusk} 박사는 부상당한 군인에게서 "침상에 누워 거미가 집을 짓는 걸 바라보는 게 유일한 소일거리"라는 말을 듣고 충격을 받는다. 그리고 행동에 나선다. 러스크 박사는 아서 설즈버거^{Arthur Sulzberger} 뉴욕타임스 회장에게 요청해 재활 치료와 병원 건립의 필요성을 강조하는 칼럼을 장장 20년 동안『뉴욕타임스』에 연재했다. "의사들이 더 이상 해 줄 것이 없을 때 재활 치료는 시작된다."로 요약되는 그의 주장은 미국인들의 심금을 울렸고 병원 건립은 사회 운동으로 확산되었다. 한편으로 러스크 박사는 물리 치료와 심리 치료를 기본으로 한 특별한 프로그램을 개발하

뉴욕대학교 병원의 일부로 자리잡은 러스크 재활병원. 2차 세계대전에 군의관으로 참전해 재활병원의 필요성을 절감한 내과의사 하워드 러스크 박사의 노력으로 수많은 미국인들의 기부금이 모여 건립되었다.

기도 했다. 이 프로그램은 상이군인들의 재입원율을 획기적으로 낮추었지만 동료 의사들은 그의 방식을 인정하지 않았다. 아직 재활의학의 개념이 분명치 않던 시절이었다. 러스크 박사는 뜻을 굽히지 않고 장애 환자들이 독립적으로 살아갈 수 있는 연구를 지속해 뉴욕대학교 의과대학 안에 '물리 치료 및 재활의학 연구소'를 설립했고 이는 지금의 러스크 병원이 되었다.

이런 감동적인 역사를 지닌 러스크 재활병원은 『US 뉴스&월드 리포트』가 미국 병원들의 순위를 매기기 시작한 1989년 이래로 줄곧

몸은 물론
환자의 삶 자체를
돌본다

원예 치료 및 동물 치료 활동을 알리는
포스터(위), 원예 치료실(아래).

뉴욕 지역 재활병원 순위에서 1위를 기록했다.

러스크 재활병원은 전인적 치료를 처음으로 도입한 병원이다. 환자를 올바르게 치유하기 위해서는 개인의 병든 육체뿐만 아니라 삶 전체를 돌봐야 한다는 것이 전인적 치료다. 러스크 병원에서는 물리 치료와 작업 치료뿐 아니라 식사, 목욕, 배변 훈련, 면도 등 일상생활 전반을 재활 치료의 영역으로 본다. 음악, 미술, 원예 치료 등을 통해 일상생활 복귀를 돕는 훈련도 선구적으로 시작했다.

존스 홉킨스 대학병원 재활의학과 전문의인 이승복 박사도 러스크에서 재활 치료를 받았다. 1983년 체조연습 도중 사고로 가슴 아래와 오른손이 마비되는 척수 손상 장애를 입은 이승복 박사는 이곳에서 10개월간 치료받은 경험을 이렇게 말했다. "러스크에서는 환자가 위로를 받고 재미를 느낄 수 있는 여러 가지 치료 과정을 운영하고 있습니다. 나는 하루에 두 시간씩 물리 치료와 작업 치료를 기본으로 받았습니다. 또 음악 치료, 미술 치료, 요리 치료, 레크리에이션 치료, 성악 치료 중 몇 가지를 선택해서 하루 종일 스케줄을 빼곡하게 짰습니다. 특히 요리에 관심이 있어서 휠체어에 앉아 프라이팬에 달걀 프라이를 하는 연습을 하고 또 했죠. 일상적인 활동이지만 내게는 매우 고

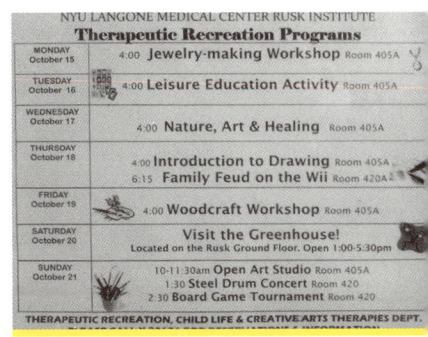

보석 공예, 나무 공예 등 환자들을 위한 각종 프로그램 안내.

난도의 기술을 요하는 것들이었습니다. 그런 여러 종류의 치료들이 나에게 웃음을 돌려주었습니다. 장애를 입어도 내 삶은 계속된다는 깨달음을 주었기 때문입니다."

러스크 병원은 104개의 병상이 있는 급성기 재활병원이다. 통합 재활 치료는 크게 3개 부분(물리 치료, 작업 치료, 언어 치료)으로 이루어지고, 평균 입원 일수는 15일이다. 러스크의 입원 환자 중 약 7퍼센트는 급성 증세를 일으켜 뉴욕대 병원 본관인 티시 병원$^{Tisch\ Hospital}$으로 옮겨진다. 나머지 환자들은 러스크에서 재활 치료를 받는데 이 중 약 10퍼센트가 아급성 재활병원으로 이전해 좀 더 오랜 기간 재활 치료를 계속한다. 이들을 제외한 대부분의 환자들은 본인의 집으로 퇴원해 12주~16주 동안 재활 치료(주 3회의 물리 치료와 작업 치료) 및 간병인의 도움(하루 3시간~4시간)을 받게 된다.

몸은 물론
환자의 삶 자체를
돌본다

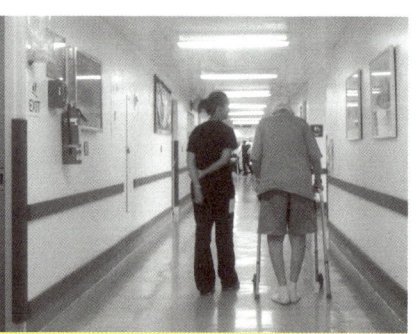

물리 치료사와 보행 연습 중인 환자. 러스크 병원은 물리 치료뿐만 아니라 식사, 목욕, 배변 훈련 등 일상생활 전반을 재활 치료의 영역으로 본다.

이 병원에 근무하는 물리 치료사, 작업 치료사, 언어 치료사 들은 러스크의 입원 환자와 외래 환자는 물론이고 티시 병원의 입원 환자들도 치료한다. 치료사, 보조 치료사, 사무직원 등 물리 치료과에 102명, 작업 치료과에 80명의 직원이 일하고 있다.

미국은 우리와 의료 체계가 많이 다르다. 인공 고관절 수술을 한 환자의 경우 정형외과 입원 인정 일수는 3박 4일이다. 그 이후에는 급성기 재활병원으로 옮겨져 최장 열흘간 치료를 받게 된다. 심장 마비로 내과에 입원해 응급 치료 후 관찰이 필요한 환자라면 심장 재활병원으로 옮겨 이차 발작을 모니터링하게 된다. 이처럼 최소한의 처치 후 환자가 재활병원으로 위임되기 때문에 일차 치료를 하는 의사들의 재활의학에 대한 의존도는 매우 높다.

러스크 병원의 전인적 치료 정신을 대표하는 것이 무장벽 디자인 Barrier-Free Design 서비스다. 환자가 퇴원하기 전에 작업 치료사가 환자의 가정을 방문하거나 보호자들로부터 정보를 입수해 집안 구조를 점검하고 문제점을 진단한 뒤 환자가 안전하고 편안하게 생활할 수 있도록 사이드 바, 문턱, 계단 주변 사선형 도로 등을 설치 또는 제거하도록 컨설팅하는 것이다.

환자가 퇴원 후 가정생활에 적응할 수 있도록 미리 연습시키는 독립생활 체험 프로그램도 있다. 병원 내에 있는 아파트에서 8시간~24시간 동안 생활 시뮬레이션을 하는 동안 재활 간호사들이 환자의 취약한 부분을 점검하고 그 부분에 대한 집중 트레이닝을 실시한다. 또 퇴원 전날에는 치료사와 재활 간호사가 가족 및 간병인과 따로 만나 환자 돌보는 법을 교육한다.

러스크 병원의 각종 프로그램은 이제 다른 재활병원에서도 많이 보편화되었다. 전인적 치료 개념을 도입한 재활의학의 씨앗이 그만큼 무성하게 자라나고 있다는 뜻일 것이다.

글 · 최성환

러스크 재활병원
Rusk Institute of Rehabilitation Medicine

주소	400 East 34th Street, between First Avenue and FDR Drive, New York, USA
전화	1-212-263-6034
이메일	Rusk.Info@nyumc.org
홈페이지	www.rusk.med.nyu.edu

대학병원의 성공 모델

미국 존스 홉킨스 병원

미국의 아름다운 항구 도시 볼티모어의 자랑인 존스 홉킨스 병원^{Johns Hopkins Hospital}은 자타 공인 미국 최고의 종합병원이다. 『US 뉴스&월드 리포트』가 선정하는 '미국 최고의 병원' 명단에서 무려 21년 연속 1위 자리를 지켰다. 1889년 개원해 100년이 넘는 오랜 역사를 자랑하는 이 병원은 '세계 최초'라는 수식어를 가장 많이 보유한 병원이기도 하다. 수술용 장갑을 처음 사용한 곳, 신장 투석과 심폐 소생술을 처음 시도한 곳 등 존스 홉킨스 병원이 갖는 상징성은 의학사에서 매우 중요한 위치를 차지하고 있다.

이 병원을 세운 존스 홉킨스는 볼티모어 지역의 성공한 사업가였다. 유명한 자선가이기도 한 그는 인종 차별에 강력히 반대하며 저소득가정 흑인 아동들의 복지 향상을 위해 노력했다. 홉킨스가 병원과

존스 홉킨스 병원 정문. 1889년 개원한 이래 '세계 최초'라는 수식어를 가장 많이 보유한 병원, 21년 연속 '미국 최고의 병원' 1위 자리를 지킨 이 병원은 한 기업가의 위대한 기부 정신 속에서 태어났다.

의과 대학을 설립하려는 뜻을 품은 것도 흑인 어린이들에 대한 의료 서비스 수준을 높이기 위해서였다. 그는 700만 달러(약 76억 원)라는 막대한 돈을 선뜻 내놓았다. 당시로서는 미국 역사상 가장 많은 기부액이었다. 존스 홉킨스는 병원을 설립하며 3가지 조건을 제시했다. 최고 수준의 치료를 제공할 것, 치료법을 개선할 수 있는 지식을 찾아낼 것, 이를 담당할 다음 세대를 교육할 것. 홉킨스는 볼티모어 빈민들에게 인종과 종교에 관계없이 자선을 베푸는 병원, 부담 능력이 있는 사람들에게는 치료비를 받되 최고 수준의 의료 서비스를 제공하는 병원

대학병원의
성공
모델

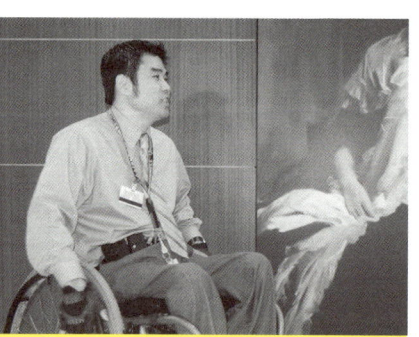

병원을 안내 중인 이승복 박사. 현재 재활의학과 전문의로 재직 중이다.

을 꿈꾸었다. 그 결과 존스 홉킨스 병원은 개원 4년 만에 의과대학을 개설해 연구와 교육, 의료를 결합한 모델을 세계 최초로 선보였다.

'슈퍼맨 닥터 리'라는 별명으로 친숙한 이승복 박사의 안내로 병원을 둘러보았다. 척수 손상 이후 사지 마비를 극복하고 다트머스 의과대학에 진학해 수석으로 졸업한 그는 이곳 존스 홉킨스 대학병원에서 인턴과 레지던트 과정을 마치고 현재 재활의학과 전문의로 재직 중이다. 휠체어를 타고 병동을 누비는, 미국에서 단 두 명뿐인 사지 마비 장애인 의사 중 한 명이 바로 이승복 박사다. 의료진이 병실을 돌며 환자를 진찰하는 것을 '라운딩'이라고 하는데 이 용어의 시발점이 된 곳 역시 돔 형식의 존스 홉킨스 병원 본관 건물이다. 손때로 얼룩진 목조 바닥과 계단에서 존스 홉킨스 병원의 오랜 역사가 생생하게 묻어난다. 병원에서 '거주'하면서 수련하는 의사들을 뜻하는 '레지던트'라는 용어 또한 이곳에서 탄생했다.

존스 홉킨스 병원은 1051개의 병상을 갖고 있다. 이 중에서 재활병동은 70개의 병상이 있는 규모인데 척수 손상, 뇌졸중, 절단, 화상 환자들을 전문적으로 치료한다. 특화된 재활 치료 또한 병행하고 있

깔끔하게 정리된 개인 병실의 모습. 총 70개의 재활 병동에서는 척수 손상과 뇌졸중, 절단, 화상 치료가 전문적으로 이루어진다.

다. 예를 들자면 육상 선수를 위한 훈련 프로그램을 운영하면서 동시에 달리기로 손상된 근육 및 힘줄 회복을 돕는 재활 치료를 실시한다. 입원 환자에게는 급성 재활 치료가 이루어진다. 작업 치료사, 물리 치료사, 언어 치료사가 의사, 간호사, 케이스 매니저 등과 협력해 치료를 진행한다. 이 과정에는 환자 가족과 간병인이 동참해 환자의 필요를 전달한다. 한편 의료진은 이동, 인지, 언어, 저작 등 여러 가지 능력의 장애 정도를 평가하고 환자에게 필요한 기능을 최대한 회복하는 데 중점을 둔다.

대학병원의
성공
모델

위급한 환자의 이송을 돕는 응급 헬리콥터. 존스 홉킨스 병원은 잘 짜인 시스템을 바탕으로 최고의 의술을 제공한다.

그런데 재활 병동뿐 아니라 외래 병동 등을 보아도 '세계 최고의 의술'은 실감하기 어려웠다. 우리나라 대학병원에 비해 시설과 장비가 유달리 좋아 보이지도 않았다. 그렇다면 무엇이 존스 홉킨스 병원을 세계 최고의 병원으로 만들었을까? 답은 '시스템'이다. 당연히 주치의가 있지만 주치의의 판단에만 의존하는 것이 아니라 연관된 다른 전공의들과 협력해 치료를 지원하는 통합 의료 시스템이 존스 홉킨스 병원을 세계 제일로 만든 것이다. 어찌 보면 너무 싱거운 답일 수도 있겠지만, 한국 환자들이 '큰 병원'을 선호하는 것도 바로 그 때문이 아닐까? 예컨대 사전 진료 때 기나긴 대기 시간을 참아가며 굳이 '큰 병원'에서 출산을 하려는 임산부도 만약의 사태가 일어났을 때 즉시 병원에서 대응해 줄 것을 기대하기 때문이다.

잘 짜인 시스템을 기반으로 최고의 의술을 제공하는 존스 홉킨스 병원의 명성이 널리 알려지면서 전 세계에서 다양한 인종의 환자들이 찾아오고 있다. 특히 중동에서 많은 환자들이 방문하고 있는데 대개 이들은 가족 전체가 함께 움직이기 때문에 지역 경제 활성화에 큰 도움이 된다고 한다. 또 치료를 받은 많은 환자들이 대학병원에 기부하면서 중동 이름을 가진 병동, 건물이 계속 생겨나고 있다. 이런 환자들을 위해 통역 서비스는 물론 종교적 차이를 염두에 둔 기도실까지 운영한다.

수업이 한창인 대학 강의실. 존스 홉킨스 의과대학은 지금까지 20명의 노벨상 수상자를 배출했다.

　병원은 의과대학과 매우 긴밀한 관계를 맺고 있다. 대학병원이 뿌리 깊은 전통에 기반을 두고 있다면 의과대학은 가장 현대적인 연구와 기술력을 상징한다. 대형 강의실에 각자 마이크를 들고 토론 수업을 진행하는 모습에서 존스 홉킨스만의 당당함과 자부심이 느껴졌다. 2009년 캐럴 그레이더 교수가 노벨 의학상을 수상한 것을 비롯해 지금까지 20명의 노벨상 수상자가 존스 홉킨스 의과대학에서 배출되었다.

　최근 들어 의료 환경이 급격히 변화하자 존스 홉킨스 병원은 공동체 속으로 파고드는 전략으로 대응하고 있다. 좀 더 많은 환자들에게 의료 서비스를 제공하고 연구와 교육에서 다양한 자원을 확보하기 위해 지역 내 병원을 세우고 다른 병원들과 제휴해 현대병인 에이즈, 심장병, 암, 뇌 손상, 노화 등의 연구와 치료에 주력하고 있다. 의과

2012년 3월에 문을 연 신병동. 왼쪽 성인 병동에는 아랍에미리트 초대 대통령인 셰이크 자이드의 이름이, 오른쪽 어린이 병동에는 마이클 블룸버그 뉴욕 시장의 어머니인 샬롯 블룸버그의 이름이 붙었다.

대학과 존스 홉킨스 병원 외에 하워드 카운티 병원 등 4개 병원, 4곳의 교외 수술 센터, 30곳 이상의 일차 진료 센터 등이 '존스 홉킨스 의료 시스템'을 구성하고 있다. 이 모든 곳에서 이루어지는 외래 진료 건수는 매년 260만 건 이상이다.

    존스 홉킨스 의료 시스템을 체계적으로 운영하는 것이 통합의료법인체 존스 홉킨스 메디신$^{\text{Johns Hobkins Medicine}}$이다. 65억 달러(약 7조 원) 규모의 존스 홉킨스 메디신에서 일하는 사람은 파트타임 근무자를 제외하고 3만 4000명 이상이다. 메릴랜드 주 전체에서 민간 고용 규모로는 가장 크다.

과거와 현재 그리고 미래가 공존하는 공간인 존스 홉킨스 병원은 빈부 차이를 넘어 누구나 평등한 의료 서비스를 받아야 한다는 한 기업가의 의미 있는 기부에서 시작되었다. 존스 홉킨스 병원은 2009년에만 2억 4800만 달러(약 2700억 원) 상당의 무상 치료를 제공해 '세계 최고'라는 화려한 명성의 토대를 이룬 자선 정신을 여전히 이어가고 있다.

글·최성환

존스 홉킨스 병원
Johns Hopkins Hospital

주소   1800 Orleans St, Baltimore, Maryland, USA
전화   1-410-955-5000
홈페이지 www.hopkinsmedicine.org/the_johns_hopkins_hospital

환자보다
의료진이 더 많은
병원

일본 간사이 재활병원

우리나라의 재활 환자들은 두세 달마다 병원을 옮기면서 2년 이상 재활 치료를 받는 경우가 다반사다. 재활이라기보다 요양에 가깝다고 할 수 있다. 그러나 해외 선진국에서는 환자들이 재활을 시작한 뒤 한두 달이면 집으로, 직장으로 복귀한다. 우리와 의료 체계가 비교적 유사한 일본 재활병원에서 이 문제의 답을 찾을 수 있지 않을까?

    일본 오사카의 간사이 재활병원関西リハビリテーション病院은 50년간 두 곳의 요양병원을 운영해 온 의료법인 독우회가 건립해 운영 중인 곳으로 2005년 6월에 문을 열었다. 일본 오사카 부 북부의 도요나카 시내에 있는 재활병원 7곳 중 하나인 이곳은 성인 회복기 재활 환자를 위한 144개의 입원 병상을 운영하고 있다. 환자의 60퍼센트 이상이 뇌졸중 등 뇌혈관 장애가 있으며, 발병 또는 수술 후 2개월 이내의 환자

만을 대상으로 365일 체제로 재활 치료를 진행한다.

도심지의 조용한 주택가에 위치한 병원 입구에 들어서면 '한 발을 내딛는 사람'을 형상화한 오렌지색 조각상이 눈에 띈다. 재활 의지를 상징적으로 표현한 듯한 마스코트 조형물이 인상적이다. 1494제곱미터 부지에 지어진 5층 건물이 아담하고 깔끔하다. 내부는 층별로 초봄과 봄, 여름, 가을을 나타내는 색으로 꾸며져 화사하고 밝은 분위기다.

간사이 재활병원 입구에 있는 병원을 상징하는 조형물. '한 발을 내딛는' 모습이다.

2층은 재활 훈련의 중심이 되는 곳으로 진료실, 물리 치료실, 작업 치료실, 언어 치료실로 구성되어 있다. 전면이 통유리로 되어 밝고 개방적인 느낌을 주는 재활 치료실은 천장이 높고 병동 홀에서 치료실이 내려다보이도록 설계되어 있다. 이곳에서 하루에 3시간씩 물리 치료와 작업 치료가 일대일 방식으로 진행된다. 치료실뿐 아니라 병동과 계단 등 건물의 내부 모든 곳과 외부에서도 교통수단 이용 훈련, 외출 훈련을 실시한다. 재활 치료실 반대편에는 욕실, 화장실, 주방 등 일상생활 적응 훈련을 위한 첨단 기계가 완비된 작업 치료실이 따로 마련되어 있다.

환자보다
의료진이 더 많은
병원

데이 룸과 연결된 옥상 정원(위), 왼쪽
편마비 환자용 화장실(아래).

3층~5층은 입원 병동이다. 각 층의 중앙에는 데이 룸$^{day\ room}$이라는 휴게 홀이 있는데 이곳에는 TV와 싱크대, 높낮이가 다양한 세면대, 여러 개의 테이블이 비치되어 있다. 환자들이 내 집에서처럼 편안하게 생활하도록 세심하게 신경 쓴 정성이 느껴졌다. 5층 병동의 데이 룸에서는 산책 길과 연못이 있는 옥상 정원으로 연결되어 병실을 나서면 집 앞 정원을 찾는 듯 친근한 느낌이 든다.

간사이 재활병원은 특실, 개인실, 2인실 각 1개씩을 제외한 전체 병실이 4인실로 구성되어 있다. 4인실도 휠체어에 앉은 채 360도 회전이 가능할 정도로 공간에 여유가 있다. 자동으로 조작이 가능한 침상과 개인 TV, 서랍장이 딸린 책상도 갖춰져 있다. 공용 화장실은 남녀 구분이 되어 있지 않아 내심 아쉬웠지만, 환자의 잔존 기능과 편의를 고려하여 오른쪽 편마비, 왼쪽 편마비 환자용 화장실이 따로 있었다. 뇌혈관 질환자 비율이 높은 점을 감안한 설계가 돋보였다.

간사이 재활병원의 전경. 조용한 주택가에 자리 잡은 5층 건물이다. 본격적인 치료는 주로 2층에서 이루어지고, 3층에서 5층까지는 입원 병동이 있다. 입원 환자 144명의 재활 훈련을 위해 체계적인 팀 접근 방식으로 일하고 있는데 행정직을 제외한 의료진만 219명이다.

　　간사이 재활병원에서는 외래 진료를 하지 않는다. 의료 스태프 전원이 입원 환자 144명의 재활 훈련을 위해 체계적인 팀 접근 방식으로 일하고 있었는데 행정직을 제외한 의료진만 219명이다. 병동별로 재활의학과, 신경과, 정형외과 전문의 의사 3명이 상주하는데, 의사 1인당 치료사는 16명이 있다. 간호사와 조무사가 1인당 담당하는 환자 수는 각각 7.5명, 15명 꼴이다. 병동별로 1명~2명 있는 의료사회복지사는 한 사람이 약 30명의 환자를 담당하면서 입원부터 퇴원 이후까지 6개월 동안 복지 서비스를 제공하고 있다. 이처럼 의료진이 환

환자보다
의료진이 더 많은
병원

간사이 재활병원의 의료진 구성

단위: 명

의사	물리치료사	작업치료사	언어청각사	의수·의족 장비사
13 (상근 10, 비상근 3)	46 (상근 45, 비상근 1)	34	19	2
음악치료사	임상심리사	사회복지사	재활공학사	간호사
2	2	5	2	58
간호조무사	약사	방사선사	임상병리사	영양사
29	2	2 (상근 1, 비상근 1)	1	2

계 219

자보다 많기 때문에 가족이 간병에 매달릴 필요가 없다. 그 때문일까. 가족이 병실을 찾는 것이 금지되어 있고 면회실에서만 만남이 허용된다.

우리를 안내해 준 구메 사나에久米早苗 간호부장에게 순수한 회복기 재활병원을 운영하자면 전문직 인건비 등 재정에 어려움이 있지는 않은지 물었다. "이곳 환자들은 65세 이상은 후기 고령자 의료제도로, 65세 미만은 의료보험제도를 통해 치료를 받고 있습니다. 입원 환자는 보험이 적용되니까 운영에 큰 어려움은 없어요." 구메이 간호부장은 병원을 세울 때 건립비 일부를 대출받았는데 병원 운영 수익으로 무리 없이 상환하는 중이라고 덧붙였다.

우리나라 재활병원들이 만성적인 적자에 시달리는 데는 여러 가지 이유가 있다. 우선 병원을 세우는 데 비용이 많이 든다. 재활병원의 특성상 물리 치료실이나 작업 치료실 등 공간이 많이 필요해 병상 수 대비 건평이 많다. 턱없이 낮은 의료보험 수가도 큰 문제다. 현실과 동떨어진 현행 수가로는 치료사 인건비를 대기도 벅찬 형편이다. 그나마도 치료사들이 상대적으로 낮은 임금을 받고 있어 병원을 유지할 수 있다. 장애인 환자의 경우엔 의료급여가 많고 비보험이 거의 없다는 사실도 병원 운영의 난점이다. 자금

2층 물리 치료실의 모습. 환자들은 이곳에서 하루에 3시간씩 물리 치료를 받는다.

회전 속도가 늦어 6개월 정도의 운영비를 확보해 두어야 하기 때문이다. 이런 병원 경영의 어려움은 재활의료 서비스의 질 저하로 이어질 수밖에 없다. 상대적으로 일본은 재활병원의 의료보험 수가가 어느 정도 현실화되어 있어 병원들이 환자 유치를 위해 애쓰는 게 우리와 대조적이다.

환자보다
의료진이 더 많은
병원

　　회복기 재활병원인 간사이 재활병원은 일상생활동작능력^{ADL} 향상과 재택 복귀율 높이기를 목표로 하고 있다. 일본은 병동별로 시설 기준을 두고 보험 수가를 책정해 운용하는데 병동의 종류는 일반 병동, 회복기 재활 병동, 치매 질환 치료 병동, 치매 질환 요양 병동, 요양형 병동, 호스피스 병동 등이 있다. 이 중에서 회복기 재활병원은 2000년도에 신설된 시설 기준으로서 각 병동별로 전속 의사 1인과 물리 치료사 2인 이상, 작업 치료사 1인 이상이 상근해야 한다.

　　간사이 재활병원에 2009년 입원한 환자의 총 수는 662명, 즉 월 평균 67명이다. 환자를 일률적으로 두세 달 사이에 퇴원시키는 것이 아니라 개인 상태에 따라 입원 기간을 결정하기 때문에 뇌혈관 환자의 경우 최대 6개월, 다른 환자들은 최대 3개월로 입원 기간의 편차가 있다. 이 병원의 가장 큰 자랑거리는 퇴원한 환자의 사회 복귀율이 높다는 것이다. 퇴원한 환자의 약 75퍼센트가 사회로 돌아간다. 다른 회복기 재활병원의 복귀율 60퍼센트를 훨씬 웃도는 수치다.

　　급성기 대형 병원이 많아지고 의료 기술이 우수해질수록 구명률이 높아져 질병이나 사고를 겪고 장애를 안고 살아가는 사람들이 늘어난다. 일본의 회복기 재활병원들이 높은 수준의 의료 서비스를 제공할 수 있는 바탕에는 누구나 장애인이 될 수 있다는 국민적 인식이 깔려 있다. 이런 합의 아래 재활의료 서비스 의료 수가가 현실화되면서 재활병원의 안정적 재정 운용과 충분한 의료진 확보가 가능해졌다.

급성 치료를 마친 환자를 대상으로 한 만성기 재활의료는 앞으로 더욱 중요해질 것이다. 재활 치료의 궁극적인 목표가 지역 사회로의 복귀라는 점을 마음에 새기고 일본의 의료 시스템을 눈여겨 보아야 할 듯싶다.

글·김수민

간사이 재활병원
関西リハビリテーション病院

주소　大阪府豊中市桜の町3-11-1
전화　81-6-6857-7756
홈페이지　www.kansai-reha.jp

호텔처럼 편안한 재활 리조트

일본 센리 재활병원

몸이 아파 병원에 입원을 하면 없던 병도 생긴다고 한다. 마음이 편치 않고 환경도 소란스럽기 때문일 것이다. 일본 오사카의 센리 재활병원千里リハビリテーション病院은 중도 장애인들이 병원에 있다는 사실을 잊을 수 있도록 '재활 리조트'라는 개념을 전면에 내걸었다.

오사카 북부 미노 시의 베드타운에 위치한 센리 재활병원은 의료 기관 건축 전문가들과 아트 디렉터, 패션 디자이너 등이 참여해 2007년에 문을 열었다. 급성기 치료를 마치고 사회 복귀를 준비하는 환자들에게 편안한 환경 속에서 365일 내내 재활 치료 서비스를 제공해 최대한 빨리 사회로 복귀하도록 돕는 것이 이 병원의 목표다. 재활 리조트 개념을 실현한 남다른 설계로 2008년에는 디자인상을 받기도 했다.

센리 재활병원의 모습. 재활 리조트 개념을 실현한 남다른 설계로 2008년에 디자인상을 받기도 했다. 지하 1층에서 지상 3층으로 이루어진 건물의 외관은 벽돌로 되어 있고 내부는 짙은 갈색으로 꾸며져 있어서 병원이 아니라 호텔 같은 인상을 풍긴다.

    센리 재활병원은 호텔과 같은 쾌적한 의료 환경을 추구한다. 지하 1층에서 지상 3층으로 이루어진 건물의 외관은 벽돌로 되어 있고 내부는 짙은 갈색 나무로 꾸며져 있다. 병원이 아니라 호텔 같은 인상을 풍긴다.

    지하 1층으로 들어서면 방문객을 위한 접수대와 소규모 세미나실, 직원 사무실이 있고 로비와 복도에는 빨간색 고급 소파들과 예쁜 조명으로 꾸며진 휴게 공간이 보인다. 머물고 싶은 로비를 만들기 위해 유명 디자이너의 손길로 꾸몄다고 한다. 병원이 아닌 주거 공간의

호텔처럼
편안한
재활 리조트

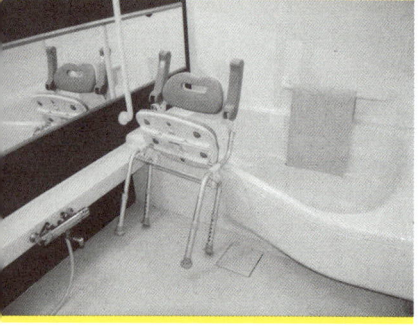

지하 1층의 휴게 공간(위), 넓고 쾌적한 장애인용 화장실 내부(아래). 밖에는 화장실 표시가 없다.

느낌을 살리기 위해 공용 화장실 앞에도 '화장실' 표시가 따로 없다.

회복기 재활병원인 이곳은 발병, 사고 또는 수술 후 2개월 이내인 사람들이 입원 대상이다. 이 기준은 중도 장애인들이 적절한 시점에 강도 높은 재활 훈련을 받을 수 있도록 후생노동성에서 정한 것이다.

센리 재활병원은 108개의 병상을 운영하고 있으며 전체가 1인실로 구성되어 있다. 1층의 30개 병실만 일반 병동으로 운영되고 다른 병실들은 회복기 병동이다. 급성기 치료 후 아직 의료적인 처치가 필요한 아급성기 환자들은 일반 병동의 전용 재활 치료실에서 치료를 받고, 대다수의 나머지 환자들은 집과 비슷한 구조로 된 회복기 병동에서 지내면서 복도, 정원, 병실, 계단 등 내·외부 곳곳에서 재활 훈련을 한다. 6개의 방마다 2개의 공용 화장실이 있고 일부 유료 병실에는 개별 화장실이 딸려 있다. 회복기 병동에는 따로 의료진실이 없고 의료진과 치료사들은 병동 곳곳에 마련된 컴퓨터를 이용해 차트를 작성한다.

중도 장애를 가진 환자들이 집과는 환경이 전혀 다른 병원에서 치료를 받은 후 집으로 돌아가게 되면 적응에 어려움을 겪는 경우가 많다. 그래서 이 병원은 병동 일부를 전통 다다미방을 그대로 옮겨 놓은 구조로 만들었다. 환자들은 집에서 치료 받는 기분으로 재활 훈련을 하면서 자연스럽게 집으로 돌아갈 준비를 할 수 있다.

건물 1층부터 3층까지는 멋스러운 계단으로 연결되는데 계단에 장애인 환자의 편의를 배려한 안전바가 보이지 않았다. 병원을 안내해

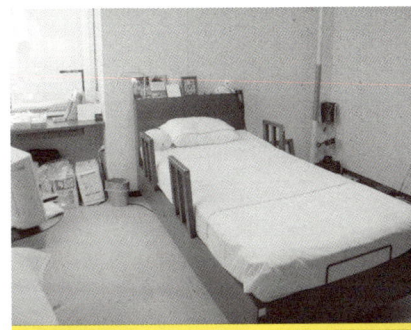

회복기 병동 병실(위), 집에서 치료 받는 기분을 들게 하는 다다미로 된 회복기 병동 홀(아래).

주던 요시오 마사하루^{吉尾雅春} 부원장에게 이유를 물으니 이렇게 답해 주었다.

"병원 밖은 장애인의 편의를 배려하지 않은 곳이 많습니다. 환자들이 외부와 유사한 환경에서 재활 훈련을 할 수 있도록 일부러 일반 계단과 같은 형태로 설계한 것이죠." 중도 장애를 가진 환자들이 재활

테이블 20여 개가 놓인 2층 식당. 널찍하게 개방형으로 설계되어 시원한 느낌이 들었다. 환자, 직원, 외부 손님 모두가 이 식당을 함께 이용한다.

병원에서 치료를 받는 목적이 무엇인지를 다시 한 번 생각케하는 말이었다.

    환자들은 2층에 있는 식당에서 식사를 한다. 환자, 직원, 외부 손님들 모두가 함께 이용하는데 주방이 개방형으로 설계되어 답답한 느낌을 주지 않는다. 환자들은 한 끼에 140엔(약 1900원)의 저렴한 비용으로 식사를 할 수 있다.

    센리에 입원한 환자들은 환자복을 입지 않고 평상복을 입고 생활한다. 이 또한 집과 유사한 환경에서 생활하는 것이 사회 복귀를 앞

당기고, 적응을 돕는 데 가장 도움이 될 것이라는 생각에서 나왔다. 환자를 치료 대상으로만 여기지 않고 한 사람으로 바라보면서 최대한 생활하기 편안한 환경을 제공하려는 노력이 곳곳에 묻어 있다.

병동과 식당에서 연결되는 외부 정원. 환자들에게 내 집 같은 편안한 환경을 제공하려는 노력이 엿보인다.

환자 1인당 치료비는 월 120만~140만 엔(약 1600만~1900만 원)으로 만만치 않다. 하지만 대부분 의료보험 적용을 받아 실부담액은 65세 이상이면 4만 엔(약 55만 원), 65세 이하는 8만 엔(약 110만 원) 정도라고 한다. 대기 순서대로 환자를 받고 있으며 입원 기간은 최장 6개월, 평균 2개월이다. 3층에 위치한 전망 좋은 유료 병실은 치료비 이외에 병실비만 하루 3만 5000엔(약 48만 원)이나 되지만 최고의 서비스와 안락한 환경을 원하는 환자들로 항상 가득 차 있다.

센리 재활병원의 전체 직원은 의사 6명, 치료사 60명을 포함하여 총 230명이며 의사, 간호사, 치료사, 활동 보조인이 팀을 이룬다. 일반 병동에는 환자 7명당 1명의 전담 간호사를 두어 모든 환자가 안심할 수 있는 간호 체제를 구축하고 있다. 충분한 의료 인력이 일하고 있는 이곳은 병상 가동률이 97퍼센트면 안정적으로 운영이 된다고 한다.

호텔처럼
편안한
재활 리조트

센리 재활병원은 환자의 관점에서 보자는 생각으로 일상생활 환경을 그대로 옮겨 와 재활 효과를 높이고 있다.

하시모토 야스코^{橋本康子} 원장은 일상생활 환경을 또 한 번 강조했다. "우리 병원은 365일 체제로 운영하고 있습니다. 병원이 쉬면 급성기 병원에서 이쪽으로 옮겨 와 하루라도 빨리 재활 치료를 받아야 하는 환자들이 기다려야 하기 때문입니다. 일상생활에 휴일이 없듯이, 일상을 그대로 옮겨 놓은 공간에서 휴일 없이 하루에 3시간 동안 집중 재활 훈련을 하는 게 환자들에게 가장 좋다고 봅니다."

이처럼 센리의 핵심은 '환자의 관점에서 보자.'는 생각이다. 재활로 운동 기능을 회복했다고 판단되는 환자가 가정이나 사회로 돌아가서 그 기능을 발휘하지 못하고 병원으로 돌아오는 사례가 끊이지 않는 이유는 무엇일까? 센리 재활병원은 이 물음에서 출발했고, 병원 환경이 아닌 가정이나 사회 속에서 일상생활을 하는 환경을 염두에 두어야 한다는 답을 찾았다. 다다미방에서 생활하는 사람은 다다미 위를 걷는 감각을 되찾아야 한다. 집에서는 식사 준비를 해야 하므로 환자가 요리를 하는 주방도 있어야 한다. 재활 전용 장소에서 특별한 훈련을 하는 것보다 앞으로 환자가 생활할 곳과 유사한 환경에서 평범하게 일상생활을 할 수 있도록 하는 것이 중요하다.

"막상 환자의 관점에서 바라보면 더 많은 의문이 떠오릅니다. 다쳐서 병원에 입원했다고 해서 프라이버시가 없어도 될까요? 식사를 침대에 누워서 하는 게 맞을까요? 낯선 사람들과 한 방에서 지내야 할까요? 이런 일들은 일상생활에서는 있을 수 없는 일입니다. 그러므로 병원 위주의 환경을 환자에게 강요해서는 안 됩니다." 하시모토 원장이 힘주어 말했던 이 말이 아직도 귓가에 생생하다.

글 · 김수민

센리 재활병원
千里リハビリテーション病院

주소   大阪府箕面市小野原西4-6-1
전화   81-72-726-3300
홈페이지   www.senri-rehab.jp

독일 카리타스 작업장

오스트리아 레벤스힐패

미국 어빌리티 퍼스트

일본 스완 베이커리

일본 다이킨 선라이즈 셋쓰, 간덴 엘하트

재활
작업장

함께 만드는 일터, 함께 누리는 일터

김성태 · 종로장애인복지관 사무국장

동두천에 사는 중증 장애인 A씨는 매일 아침, 시설에서 운영하는 버스를 타고 같은 아파트에 살고 있는 동료들과 함께 일터로 나선다. A씨의 직장은 파주 어유지리에 있는 직업 재활 시설인데, A씨와 같은 지적·자폐성 장애인들이 4만 제곱미터의 드넓은 부지에서 자란 감자와 방울토마토, 오이, 쌈채소, 배추, 고추 등의 각종채소류와 식용 작물을 재배한다.

    이들에게 직업 재활 시설은 삶의 터전이며, 직업을 가지게 하는 일터요, 자기실현의 현장이다. A씨는 이곳에서 열심히 일해서 받은 임금을 모아 동료들과 동두천에 아파트를 공동으로 구해서 살고 있으며, 통장에 자립 자금도 알뜰히 모아 여유 있는 삶을 살고 있다.

    한국의 직업 재활 시설은 외견상으로는 외국과 비교해도 손색이 없을 정도로 잘 운영되고 있다. 일반적으로 직업을 구하기 어려운 중증 장애인들은 특수 학교를 거쳐 직업 재활 시설에서 직업 상담과 직업 훈련을 받으며 직업 능력을 향상시키게 된다. 어유지 동산과 같은 직업 재활 시설은 일정한 작업 활동을 통하여 정기적인 소득을 제공하는 보호 고용의 역할까지 담당하고 있다.

하지만 한국의 직업 재활 시설이 운영하는 방식과 프로그램의 내용은 선진국의 직업 재활 시설과는 상당한 차이가 있다. 가장 큰 차이는 장애인의 경제적 안정을 위한 정부의 노력에서 난다. 선진국은 장애인의 경제적 소득을 정부가 책임지는 장애인 연금제도가 있어서 기본적 소득이 보장된다. 이에 따라 직업 재활 시설에서 일하고 받는 임금은 부가적인 소득이 되기 때문에 장애인들이 경제적으로 어려움을 겪지 않는다.

그러나 한국은 기본적인 소득보장 제도가 없어서 직업 재활 시설에 일하는 장애인들은 작업장에서 받는 임금이 유일한 소득이 되기 때문에 경제적으로 어려운 상황에 처해진다.

또 선진국의 직업 재활 시설에서는 일정량의 작업과 함께 생산

함께 만드는
일터,
함께 누리는 일터

품질을 높이는 직업 훈련 프로그램을 제공하고, 다양한 문화 여가 프로그램을 운영하고 있다.

반면에 한국의 직업 재활 시설에서는 일정한 수준의 노동을 소화해 낼 수 있어야 하기 때문에 작업 능력이 있는 장애인들에게 기회가 더 많이 제공되고 중증의 장애인들은 직업 재활을 받을 수 있는 기회가 제한된다.

현재 우리나라에는 전국적으로 430여 개의 직업 재활 시설이 있으며, 1만 2000여 명의 장애인들이 시설을 이용하고 있다. 이들이 받는 월급은 25만 원으로 도시 근로자의 평균 월급인 200만 원과 비교하면 너무나도 적은 액수다.

이런 시설 중 규모가 작은 곳은 주로 단순한 제품 포장이나 조립 위주의 사업을 하고 있으며, 규모 큰 시설들은 농업 분야에서 용역 서비스에 이르기까지 다양한 사업을 하고 있다.

직업 재활 시설은 장애인들이 만든 생산품을 많이 판매하여야 장애인들에게 더 많은 임금을 줄 수 있기 때문에 매출을 높이기 위해 다양한 노력을 기울인다. 그러나 마케팅이나 영업 활동을 확대할 수 있는 인력과 재원이 부족하여 어려움에 처해 있다.

　한국의 직업 재활 시설이 선진국의 시설과 같은 역할을 수행하기 위해서는 몇 가지 사항들을 짚고 넘어가야 한다. 우선 정부가 제도적 측면에서 장애인연금과 사회 서비스를 확대하여 장애인들에게 안정적인 소득을 보장해 주어야 한다. 이렇게 되어야 비로소 직업 재활 시설이 소득 보장보다는 직업 상담 및 직업 훈련 등 직업 재활 전문 서비스에 집중할 수 있게 된다.

　또 장애인들도 비장애인과 다를 바 없이 삶의 만족도를 높일 수 있는 다양한 문화와 여가, 레저, 교육 등의 활동을 향유하고 싶어 하는데 이러한 바람을 이루기 위해서는 직업 재활 시설에서 다양한 프로그램을 제공해야 한다. 오전부터 늦은 시간까지 작업장에 앉아서 일만 하는 것이 아니라 장애인의 직업 능력에 맞는 적정한 근로와 함께 직업 재활 시설에서 문화, 예술, 체육을 할 수 있는 여가 활동이 더불어 제공되어야 한다.

　즉 직업 재활 시설은 단순한 훈련을 받고 작업을 하는 공간이 아니라 보다 다양한 서비스를 받을 수 있는 다기능 시설로 변화하여야

> 함께 만드는
> 일터,
> 함께 누리는 일터

하는 것이다. 중증 장애인들이 문화 예술을 향유하고, 여가와 레저를 같이 즐길 수 있는 일터와 복지 기관이 되어야 진정한 재활 시설이라 할 수 있다.

성인기 중증 장애인의 부모님들은 자신의 자녀들이 평생 안전하게 보호받으면서 생활할 수 있기를 소망한다. 최근에 도입된 발달장애인지원법이나 후견인 제도 등은 이러한 부모들의 요구를 반영한 것이다.

직업 재활 시설도 이제 이러한 요구에 부응하여 한국의 특성에 맞는 직업 재활 모델을 확립하고, 중증 장애인들이 안심하고 일하고 훈련하며 다양한 경험을 할 수 있는 시설로 성장해야 한다. 이 책에서 소개하는 선진국의 다양한 직업 재활 시설을 통해 구체적인 방법을 생각해 볼 수 있을 것이다.

대기업도
안심하고
일감을 맡긴다

독일 카리타스 다하우 작업장

카리타스 다하우 작업장Caritas Werkstatt 으로 향하면서 예전에 한국에서 만난 어느 지적 장애인을 생각했다. 빵을 만드는 작업장에서 일하는 그에게 무엇이 가장 재미있느냐고 묻자 "말랑말랑한 빵을 반죽하는 게 즐겁다."라고 했다. 그러나 지금 그는 기업의 하청 작업을 하는 다른 작업장에서 화장솜을 포장한다. 우리나라에서 장애인이 한 보호 작업장에 머물 수 있는 기간은 2년에 불과하기 때문이다. 말랑말랑한 빵 반죽의 감촉을 좋아하던 그가 화장솜을 포장하는 일을 하면서도 행복할까?

　카리타스는 사랑, 애덕, 자선이라는 뜻의 라틴어다. 로마 바티칸에 본부를 둔 국제 카리타스는 전 세계 162개 가톨릭 개발 및 구호 단체의 국제적 연합체다. 네 방향으로 뻗은 붉은색 불꽃과 십자가 로고

목공예 작업을 분담하여 수행하는 모습. 적성에 맞는 일을 하는 장애인 근로자들의 표정이 밝다. 카리타스 다하우 작업장에서는 60명의 지적 장애인과 정신 장애인, 40명의 비장애인이 팀을 이루어 함께 일한다.

는 세상과 사람에 대한 사랑을 상징한다. 독일 카리타스에서 운영하는 작업장은 4곳인데 우리가 찾은 곳은 뮌헨 서북부 다하우 지역의 작업장으로 1976년에 설립되었다.

'장애인의 천국'이라는 유럽이라기에 작업장 건물부터 뭔가 특별할 거라 기대했는데, 전형적인 공업 단지에 있는 카리타스 작업장은 주변의 다른 공장들과 다를 게 없는 평범한 건물이었다. 카리타스가 장애인 작업장의 모범 사례로 꼽히는 이유는 다른 데 있었다. 안으로 들어가 작업장을 둘러보자 답은 쉽게 나왔다.

대기업도
안심하고
일감을 맡긴다

전형적인 공업 단지에 있는 카리타스 작업장은 평범해 보이는 외관과 달리 최고의 재활 작업장으로 꼽힌다.

카리타스 다하우 작업장에서는 60명의 지적 장애인과 정신 장애인, 40명의 비장애인이 팀을 이루어 함께 일한다. 대부분의 생산 과정은 장애인이 맡고 있으며 여기서 생산된 제품은 일반 작업장과 똑같이 자유 경쟁 방식으로 판매된다. 상품 판매 수익의 70퍼센트는 기업 수주 물량인데 발주처는 대부분 내로라하는 대기업들이다.

대기업에서도 안심하고 일감을 맡길 수 있는 이유는 무엇일까? 카리타스 작업장의 경쟁력은 체계적인 직업 교육과 철저한 품질 관리에서 나온다. 카리타스에서 일하는 장애인들은 작업장 내 직업 학교에서 2년 동안 사전 교육을 받는다. 이 기간의 교육비는 전액 노동청에서 지원한다. 장애인들은 직업 학교에서 자신의 적성 및 장애 유형에 적합한 기술을 찾아내 이후 자기가 선택한 분야에서 일하게 된다. 또 카리타스 작업장에는 각 분야별로 마이스터가 있어서 장애인들에게 전문적인 기술을 전수한다. 경력, 교육, 자격시험 등 까다로운 과정을 거쳐 한 분야에서 최고의 경지에 오른 마이스터는 우리나라로 치면 기능장, 명인에 해당하는데 이들이 현장에서 장애인들을 가르친다.

작업장 로비에는 주문 제작한 다양한 자체 생산품이 전시되어 있는데 그중에서 테이블은 인근의 맥도널드에 판매되었다고 한다.

작업은 조립, 포장, 가공, 목공, 금속, 금형, 전자의 7개 분야로 분류되어 있다. 작업 분야별로 마이스터와 그룹장이 있고, 1명의 마이스터 아래 20명의 장애인이 일한다. 마이스터는 교육 훈련과 기술 전수를, 그룹장은 장애인의 어려움과 작업 성과 파악을 담당한다.

다하우 작업장에서는 장애인들이 간단한 전기 부품의 조립부터 조금은 위험해 보이는 장비를 이용한 작업까지 다양한 일을 하고 있다. 작업에 열중한 모습만 봐서는 누가 장애인이고 누가 비장애인인지 구분이 가지 않는다. 현장에서 벗어나 복도를 뛰어다니는 사람, 불안

대기업도
안심하고
일감을 맡긴다

한 얼굴로 관리자에게 무언가를 호소하는 사람을 보고서야 이곳이 장애인 작업장이라는 사실을 새삼 떠올렸다. 이런 식으로 심리적 불안을 드러내는 모습도 카리타스에서는 일상적 풍경이다. 간혹 근무자들이 업무 시간을 다 채우지 못하고 집으로 돌아가고 싶다는 경우도 있다고 한다. 그럴 때는 그룹장이 가족과의 전화 통화를 주선해 마음을 안정시키거나 일찍 퇴근하도록 해서 작업자의 상태에 맞게 일과를 조절해 준다.

카리타스 작업장 근무자의 60퍼센트는 주 40시간을 일한다. 나머지는 장애 정도 등에 따라 근무 시간이 더 짧다. 주 20시간 일하는 사람은 20퍼센트 정도 된다. 일과는 오전 7시 30분에 시작해 오후 3시 45분에 끝나고, 작업을 마친 후에는 대개 취미 활동을 한다.

카리타스 작업장은 다른 기업과 일을 할 때 신뢰를 최우선으로 생각한다. 한 번이라도 제품에 문제가 생기면 일감을 잃을 수도 있으므로 품질을 철저히 따진다. 이렇게 믿음을 쌓았기 때문에 독일을 대표하는 기업인 지멘스 그룹에서도 금속, 금형 분야를 떼어 내 이 작업장에 맡겼다. 트럭 회사 만도 이곳에 자동차 부품 조립을 의뢰한다. 카리타스 작업장이 20년 넘게 기업과 지속적인 관계를 이어온 밑바탕에는 철저한 품질 관리와 신뢰가 깔려 있다.

그렇다고 외형적 성과만 강조하는 것은 아니다. 작업장의 중심은 사람이다. 다하우 작업장의 책임자 로타어 나투슈[Lothar Natusch] 씨는 "생

독일 카리타스 다하우 작업장

산품의 종류를 늘리기 위해 여러 가지로 시도하는 중"이라고 밝혔다. 각자의 개성을 살린 작업 프로그램을 개발해야 일하는 사람이 즐겁고 작업 성과도 높아진다는 것이다. 이런 시도가 가능한 것은 전체 수익의 75~80퍼센트를 바이에른 주정부와 노동청에서 지원하고 있기 때문이다. 작업장의 다양한 시도를 뒷받침하는 든든한 사회적 지원이 있기에 카리타스 작업장에서는 일하는 사람의 개성과 창의성이 최대한 발휘될 수 있다.

아무리 경쟁력 있는 제품을 생산하고 판매한다 해도 거기서 나오는 수익만으로는 장애인 작업장을 운영할 수 없는 것이 현실이다. 작업장에서 일하는 장애인들의 기본적 생활은 정부와 자치 단체에서 책임진다. 장애인이 카리타스에서 받는 급여는 월 100유로(약 14만 원) 정도다. 따로 생활비가 나갈 일이 없기 때문에 급여는 개인적으로 저축을 하거나 용돈으로 쓴다.

작업장에서 교육한 목재 가공 능력과 창의력을 발휘해 만든 상품을 소개한 자료.

대기업도
안심하고
일감을 맡긴다

작업장에서 동료들과 함께 일하고 있는 장애인(위), 작업장 내부(아래). 적성 검사 결과에 따라 일터가 제공된다.

가족과 멀리 떨어져 있어야 하거나 독립생활이 불편한 지적 장애인들에게는 작업장에서 숙식을 제공한다. 현재 기숙사 생활을 하는 장애인은 25명이다. 출퇴근 근무자는 셔틀버스 또는 택시를 이용한다. 카리타스에서는 한 달에 한 번 야외로 소풍을 가고 생일 파티를 여는 등 다양한 행사를 통해 정을 다진다.

카리타스 작업장을 통해 장애인이 비장애인과 융화되어 사회의 일원으로 살아갈 수 있도록 모든 기회를 제공하는 독일 장애인 정책의 현장을 볼 수 있었다. 무엇보다 체계적인 직업 교육이 인상적이었다. 장애 유형에 따라 가능한 작업군을 분류해 관리하면서 2년 동안 국가가 책임지고 직업 훈련을 한다. 직업 교육과 작업장의 연계도 눈여겨볼 부분이다. 카리타스에서는 작업장 내 직업 학교에서 교육을 마친 장애인에게 적성 검사 결과에 따라 일터를 제공한다.

화장솜 공장에서 일하는 지적 장애인이 다시 떠올랐다. 그에게도 직업 훈련의 기회가 충분히 주어졌더라면, 한 분야를 선택해 기술을 갈고 닦을 수 있었다면 지금은 훨씬 더 행복하게 일하고 있지 않을까?

글·이예경, 최연희

카리타스 다하우 작업장
Werkstatt für behinderte Menschen Dachau

주소   Einsteinstraße 6, 85221 Dachau
전화   49-8131-32296-0
홈페이지   www.caritas-werkstatt-dachau.de

스스로
선택하고
만드는 행복

오스트리아 레벤스힐페

참 이상한 일이다. 지적 장애인들의 직업을 손꼽아 보면 말 그대로 한 손에 꼽힌다. 보호 작업장의 작업 종류를 생각해 보면 더하다. 장애인도 비장애인과 다름없이 다양한 재능이 있고 다양한 선호가 있을 텐데 말이다. 장애 탓에 가능한 작업의 종류가 한정적이라는 것만으로는 설명이 어렵다. 요즘은 보호 작업장에서도 일의 종류를 다양하게 개발하고 있다고는 하지만 아직은 갈 길이 멀어 보인다. 지적 장애인들이 각자 개성과 능력을 살려 일할 수는 없을까?

　답을 찾아 간 곳은 지구 반대편의 작은 나라 오스트리아의 한 단체. '삶의 도움'을 의미하는 레벤스힐페^{Lebenshilfe}는 1967년 장애인 자녀를 둔 부모들이 만들었다. 일자리를 갖는 것 자체만이 아니라 일을 통해 자녀들에게 삶의 의미를 깨우쳐 주려는 목적으로 세운 것이다. 그렇게 시작된 레벤스힐페의 모든 기관은 결정을 내릴 때 장애인과 그 가족의 삶의 질을 가장 중요하게 생각한다. "장애인을 돌볼 책임은 가족이 아니라 국가와 이웃에 있습니다." 운영 책임자 코넬리아 비켈Cornelia Bickel 씨는 사회 전체가 가족의 마음으로 장애인을 대해야 한다고 강조했다.

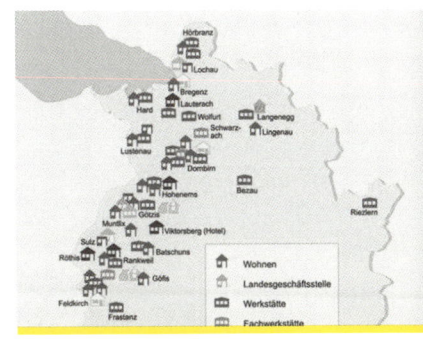

오스트리아 각 지방에 분포된 레벤스힐페 작업장. 목공, 농장, 레스토랑, 아틀리에 등 다양한 작업장이 운영되고 있다.

레벤스힐페에 취업하려는 장애인은 최소 2주일 동안 시험 기간을 갖는다. 여러 종류의 작업장을 모두 둘러보고 경험하면서 어떤 일이 자기한테 맞는지 따져 본다. 한편 사회 복지사도 그의 능력과 관심을 살펴 적합한 작업장을 찾는다. 일종의 상호 면접이다. 작업장과 작업 내용이 결정되면 계약을 맺고 레벤스힐페의 직원으로 맞는다. 만약 찾아온 장애인에게 맞는 작업장이 없다면 함께 고민해 작업장을 새로 만들어 낸다. 이런 식으로 레벤스힐페에서는 목공, 농장, 레스토랑, 아틀리에 등 각기 유형이 다른 작업장을 운영하고 있는데 우리는 그중에서 3곳을 방문했다.

첫 번째로 찾은 곳은 한적한 주택가에 자리한 레벤스힐페 전문 작업장Lebenshilfe Vorarlberg이다. 고택을 개조해 만든 3층 건물이 따뜻한 느

장애인의 반복적인 활동에 아이디어를 불어넣어 종이로 만든 양 인형. 완성하기까지 2주일 이상이 걸려 운영을 위한 충분한 수익이 나지 않는 상품이지만, 오스트리아 정부의 지원 덕분에 계속 만들어지고 있다. 양 인형을 만드는 과정을 치료의 하나로 인정하고 있기 때문이다.

낌을 준다. 이곳에서는 26명의 장애인과 9명의 비장애인 협력자들이 함께 일하고 있다.

    여기서는 주로 종이 공예 인형을 만든다. 종이를 개어 모양을 잡고 건조해서 채색한 다음 다시 건조해 완성하기까지 2주일 이상 걸린다. 장애인들은 종이를 물에 넣고 불려 손으로 개어 찰흙처럼 만들기도 하고, 주물러서 인형의 형태로 만들기도 한다. 물에 불린 종이의 촉감을 좋아하는 사람과 양털을 꼬아 실 형태로 만드는 반복적인 작업을 좋아하는 사람들을 위한 작업이다. 모든 것이 판매를 위한 제품을 생산하는 과정이라기보다는 치료 과정에 더 가까워 보였다. 일을 하다가 휴식이 필요하면 별도의 공간에서 얼마든지 쉴 수 있다.

이렇게 1년 동안 만들어 낼 수 있는 종이 인형은 150개 남짓. 양초나 테이블보 등 이 작업장에서 생산하는 모든 물품은 매년 600~700개밖에 되지 않는다. 운영을 위한 수익이 충분히 나지 않는 것이 어쩌면 당연하다. 오스트리아 정부는 생산력이 떨어지는 장애인들의 직업을 위해 작업장 운영에 필요한 비용을 70퍼센트 이상 지원하고 있다.

사람들이 많이 찾는 번화가로 자리를 옮겼다. 아기자기한 상점들이 모여 있는 골목에 위치한 레벤스 아트$^{Lebens.ART}$는 생동감 넘치는 공간이다. 장애인의 창의성이 반영된 개성 있는 작품들이 진열되어 있고, 안쪽에서는 몇 명의 장애인들이 작업에 몰두하고 있었다. 이곳에서 만난 전문 자원봉사자 클레어^{Clair} 씨는 "모든 작품은 장애인이 만드는 것이고 나는 도울 뿐"이라며 자신을 '조력자'라고 소개했다.

실제로 모든 작품들은 장애인이 그린 그림이나, 낙서, 종이를 오려 붙이고 색칠한 것들을 응용해서 만들어졌다. 이런 단순하고 반복적인 활동에 아이디어를 불어넣어 상품으로 개발하는 것이 클레어 씨의 역할이다. 전문 자원봉사자가 있기에 끊임없이 매듭만 짓는 자폐성 장애인도 이곳에서는 어엿한 직원이다. 털실 매듭에 나무를 깎아 만든 몸체를 더하면 예쁘고 개성 있는 양 인형이 완성된다.

스스로
선택하고
만드는 행복

크리스마스 시즌을 맞아 제작된 종이 공예 작품들.

장애인과 비장애인의 협력이 레벤스 아트의 가장 큰 특징인데 그 배경에는 1964년 제정된 장애인 노동에 관한 법과 2008년 비준된 장애인의 권리에 관한 UN협약을 충실히 따르는 독일 정부의 뒷받침이 있었다. 독일 정부는 운영비를 지원할 뿐 아니라 봉사자와 기부자들, 기업의 기부를 뒷받침해 주는 다양한 제도를 마련했다. 장애 청소년의 직업 능력을 키워 주기 위해 4년간 직업 학교 교육을 하고, 전체 기관 예산의 70퍼센트 이상을 정부와 시에서 지원한다. 과세할 때 기부 내용을 반영해 장기 기부자에게 혜택을 주고, 장애인 작업장에서 생산한 제품을 구입하는 소비자에게 주는 소득공제 혜택을 주는 제도 등을 마련했다.

클레어 씨도 전문 자원봉사자로서 정부에서 급여를 보조받아 생활을 유지할 수 있다고 했다. 이런 제도들이 있기에 작업장은 안정적인 운영이 가능하고, 기부자와 소비자도 혜택을 받는다. 장애인이 일방적으로 사회에 의지하지 않고 서로가 서로에게 도움이 된다. '사람은 사람이 필요하다.'는 레벤스힐페의 신조가 빛을 발한다.

작은 집들이 늘어선 산길을 10분 정도 달려 순나호프^{Sunna Hof}에 도

레벤스힐페 작업장에서 장애인이 전문 자원봉사자의 도움으로 작품을 만들어 내는 모습. 생산된 제품은 장애인이 직접 판매한다. 전문 봉사자는 정부에서 급여를 보조받는데 그 덕분에 작업장을 안정적으로 유지할 수 있다.

착했다. 산자락 아래 아늑하게 자리한 순나호프는 학습과 일, 생활, 레저를 동시에 가능케 하는 공간이다. 소, 양, 돼지를 키워 유제품과 고기를 생산하고, 채소와 꽃을 재배한다. 순나호프 안에 있는 레스토랑은 식사를 하는 장애인들과 지역 주민으로 시끌벅적하다. 주민들은 이곳에서 질 좋은 먹거리를 구입하는데, 이 과정에서 자연스럽게 장애인과 비장애인의 교류가 이루어진다.

이곳에서 만난 한 주민은 "가격은 좀 비싸지만 몸에 좋은 유기농 먹거리를 살 수 있어 자주 찾는다."라며 와인과 식초, 과일 잼을 구입

농장을 일구고 레스토랑을 운영하는 순나호프 전경. 순나호프에서는 소, 양, 돼지를 키워 유제품과 고기를 생산하고, 채소와 꽃을 재배한다. 순나호프 상표를 단 제품들은 오스트리아 전역에서 팔려 나간다.

했다. 순나호프 상표를 단 제품들은 이 레스토랑뿐 아니라 오스트리아 전역에서 팔려 나간다. 정성스럽게 생산한 유기농 제품의 가치를 인정받고 있어 판매 수익만으로 충분히 순나호프를 운영할 수 있다.

　유기농 제품은 장애인의 학습과 일, 생활을 위한 활동에서 자연스럽게 생산된다. 소, 양, 돼지, 채소를 키우는 일들은 학습이자 치료이고, 놀이이자 작업이 된다. 동물의 털을 쓰다듬고 빗기는 작업, 우리를 청소하는 작업, 풀을 모아 사료와 함께 먹이를 주는 작업, 정성스레 꽃과 채소를 살피고 물을 주는 작업 등 작업 종류는 이곳에서 일하는 장애인의 수와 같다. 장애인의 관심사에 따라 일거리는 얼마든지 만들 수 있다.

레벤스힐페는 위의 작업장 3곳을 포함해 13개 지역에서 60개의 시설을 운영하고 있다. 작업장, 레저 공간, 가족 관련 정보 제공 등 다양한 사업을 펼친다. 이들 레벤스힐페 기관들은 함께 공유하는 가치가 있다. 장애인이 자신의 삶을 선택할 수 있도록 해야 한다는 것, 행복의 조건은 최저 생계비 이상의 소득이나 주거 마련과 같은 물질적인 것만이 아니다. 장애인 본인이 행복하게 느끼는가 하는 주관적인 부분까지 포함하는 서비스를 제공한다는 것이 핵심이다. 이것이 50년 이상 이어져 온, 레벤스힐페의 사람 중심 서비스다.

돼지를 키우는 목장은 치유와 생산의 장이다(위), 순나호프에서 생산된 유기농 농산물은 높은 가치를 인정받고 있다(아래).

우리도 이제 같은 얼음 틀로 찍어낸 얼음처럼 비슷한 모양의 삶을 사는 중증 장애인들의 삶에 의문을 가져야 할 것 같다. 다를 수밖에 없는 사람들을 똑같은 틀 속에 밀어 넣고 있는 것은 아닐까? 교육하기

스스로
선택하고
만드는 행복

어렵다는 이유로, 서비스 제공의 편의를 위해 같은 틀에 개성을 묻어 버리지는 않았는지 다시 한 번 고민해야 한다. 그것이 바로 레벤스힐페가 말하고자 하는 레벤스힐페, 즉 '삶의 도움'이 아닐까?

글·이예경

레벤스힐페 작업장
Lebenshilfe Vorarlberg

주소	Gartenstraße 2, 6840 Götzis
전화	43-5523-53255
이메일	lebenshilfe@lhv.or.at
홈페이지	www.lebenshilfe-vorarlberg.at

돈을 벌어
더 어려운 장애인을
돕는다

미국 어빌리티 퍼스트

"일하는 게 재미있어요. 집에 일찍 가서 노는 것보다 계속 일할 수 있었으면 좋겠어요." 미국 패서디나 시에 위치한 장애인 작업장 어빌리티 퍼스트^{AbilityFirst}. 우리말로 번역하면 '능력 우선!' 혹은 '능력 최고!' 쯤 될까. 이곳에서 만난 17세 소년 루이스 존스^{Louis Jones}는 지금 하는 일에 만족하냐는 질문에 하얀 이를 드러내며 이같이 흔쾌히 대답했다. 일하는 기쁨이 온 얼굴에 묻어났다.

정신 장애를 가진 존스는 2년 전부터 이곳에서 일하고 있다. 매일 오전 8시에 출근해 오후 3시까지 하루 7시간 일한다. 주 업무는 정밀 세단기로 문서를 자로 잰 듯 절단하는 것. 무척 단조로운 작업이지만 존스는 한눈 한 번 팔지 않고 열심이다. 월급은 작업량에 따라 달라지는데 그가 받는 임금은 시간당 10달러~12달러(약 1만 1000원~1만

돈을 벌어
더 어려운 장애인을
돕는다

서류 자르는 일을 하는 17세 소년 루이스 존스. 일하는 게 재미있다는 그에게서 일하는 사람의 자부심이 온 얼굴에 묻어났다.

3000원)다. 미국의 최저 임금인 시간당 8달러(약 8800원)에 비하면 적지 않은 금액이다. 이곳 작업장에서 일하는 작업 감독관의 시간당 임금이 10달러이니 존스의 임금이 약간 더 높은 셈이다.

존스는 최근 취업에 필요한 근무 자세와 손님 응대 요령, 면접 때의 표정까지 꼼꼼하게 예절 교육을 받은 뒤 LA 지역 대규모 공연장 스테이플스센터의 계약직 안전 요원으로 채용됐다. 스테이플스센터는 김연아 선수의 아이스쇼와 마이클 잭슨Michael Jackson의 공연으로 유명한 실내 종합 경기장이다. 존스는 작업장 업무가 끝나는 저녁 시간이나 주말 동안 이곳에서 대규모 공연이나 농구 경기가 열리게 되면 안전 요원으로 활동할 계획이다.

종합 복지 시설 어빌러티 퍼스트는 1926년 LA 지역에 사는 지적 장애 어린이들의 자활을 목표로 국제로타리클럽이 설립했다. 이후 지적 장애뿐 아니라 신체장애 어린이, 그리고 성인 정신 장애인으로까지 영역을 넓혀 이들의 직업 재활을 돕고 있다. 지금은 3개의 장애인 작업장과 10개의 그룹홈, 7개의 쉼터, 1개의 캠프장 등 모두 24개의 기관을 운영하는 거대 자활 기관으로 성장했다.

어빌리티 퍼스트의 패서디나 본부를 찾은 것은 9월 말이었다. 핼러윈 데이를 앞둔 가을철이었지만 우리의 방문을 어떻게 알았는지 갑자기 뜨거운 인디언 서머가 몰아닥쳤다. 이날 낮 최고 기온은 섭씨 45도를 넘었다. 1877년에 미국 국립기상청이 관측을 시작한 이래 서부 지역에서 가장 높은 기온이라고 했다.

100년 만에 찾아온 살인적인 더위에 우리는 파김치가 됐다. 바늘로 콕콕 찌르듯 피부가 따갑고 머리에서 땀이 줄줄 흘러내렸다. 상당히 망가진 몰골로 단층 건물인 어빌리티 퍼스트 작업장에 들어서자 파란색 티셔츠를 입은 청소년들이 몰려나왔다. 이른 아침부터 자원봉사를 하러 온 고등학생들이 활동을 마치고 돌아가는 길이라고 했다. 최근에는 우리나라에서도 자원봉사가 중요한 활동으로 자리 잡았지만, 미국에서는 30여 년 전부터 자원봉사 활동을 교과 과정의 일부로 강조해 왔으므로 평일에도 고교생들이 인근 장애인시설을 찾아 장애인들과 함께 작업을 한다.

어빌러티 퍼스트의 패서디나 작업장에는 존스 같은 지적 장애인 65명과 작업 감독관 8명이 모두 6개 반으로 나눠 일하고 있다. 장애인의 지적 수준에 따라 작업 수준과 공정을 나누는데, 그 중 일부는 사회화 교육을 받는다. 작업장 구석에 마련된 교실에서 인근 대학의 교수가 사회화 능력이 떨어지는 장애인들을 상대로 숫자 셈하기, 단어 맞추기 수업을 하고 있다.

돈을 벌어
더 어려운 장애인을
돕는다

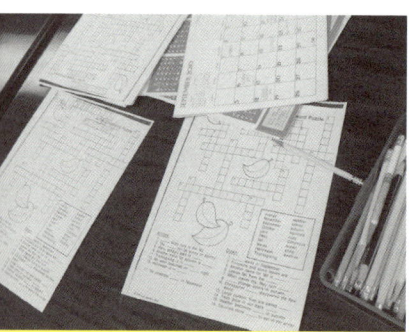

영어 단어를 익히기 위한 퍼즐. 사회화 능력이 떨어지는 장애인을 대상으로 인근 대학의 교수가 수업을 진행한다.

가장 낮은 수준의 반에서는 패서디나 지역 우체국에서 맡긴 우편 비닐 봉투의 분리수거 작업이 한창이었다. 갑자기 등장한 방문객이 낯설기도 할 텐데 작업자들은 우리에게 미소로 인사를 대신한다. 몇 명은 자리에서 일어나 악수를 청하기도 했다. 비닐 봉투에 붙은 주소 종이 스티커를 제거하는 작업인데 스티커를 떼어 낸 봉투들은 재활용된다.

다른 작업반. 기업에서 대량으로 발송하는 우편봉투에 수신자의 이름과 주소가 인쇄된 스티커를 붙이고 있다. 손놀림이 빠르다. 옆 작업반에서는 출판사에서 인근 초등학교로 보내는 책을 분류하고, 하수도에 들어가는 부품을 조립한다. 일부는 기업에서 보내온 폐기 문서를 세단하는 작업을 한다. 일일이 지시하지 않아도 각자 자기 일감을 앞에 두고 분주하다.

"새로운 사람이 오면 무엇이 적성에 맞는지 조사한 뒤 행복하게 일할 수 있는 일거리를 맡깁니다." 작업장의 운영을 맡고 있는 피터 유$^{Peter Yoou}$ 씨의 말이다. 그래서일까, 지겹고 힘든 일을 하는 것이 아니라 무슨 놀이라도 하는 것처럼 일하는 사람들의 표정이 밝다.

우편 비닐 봉투 분리수거 작업을 하는 모습. 이곳은 가장 수준이 낮은 반으로 비닐 봉투에 붙은 주소 스티커를 제거한다. 바쁜 와중에도 작업자들이 미소로 방문객을 맞아 주었다.

　미국에 이민 온 선교사인 아버지 밑에서 자란 교민 2세 피터 유 씨는 아버지에 이어 대학에서 신학을 전공했다. 교회에서 일하는 것보다 사회적 약자인 장애인을 위해 일하는 것이 훨씬 가치 있다고 여겨 이곳에서 일한다고 했다. 처음에는 그룹홈에서 중증 장애인의 기저귀를 갈아 주고 목욕을 시켜 주는 데서 시작했고 지난해 이 작업장의 매니저로 승진해 살림살이를 책임지고 있다.
　캘리포니아 주정부와 패서디나 시는 지난해 이 작업장에 40만 달러(약 4억 4000만 원)를 보조금으로 지원했다. 이 보조금은 작업장의 일

돈을 벌어
더 어려운 장애인을
돕는다

작업장 책임자 피터 유 씨. 장애인이 적성에 맞는 일을 찾아 행복하게 일할 수 있도록 돕고 있다.

년 예산 중 3분의 2에 해당하는 것으로, 나머지 20만 달러는 장애인들이 일해 벌어들인 수익으로 충당한다. 작업장에서 올린 수익금 20만 달러 중 4만 달러는 재정이 더 어려운 단체에 기부했다고 한다. 피터 유 씨는 "장애인들이 돈을 벌어 자기보다 더 어려운 다른 장애인을 돕는다는 것은 커다란 감동"이라고 강조했다. 내가 살기도 빠듯한데 소중한 내 것을 나누는 장애인들이 있다니 정말 말 그대로 '감동'이었다.

그에게 이 작업장의 의미를 물었다. "이곳은 장애인들의 삶의 터전이자 희망입니다. 미국에서는 장애인 문제를 가족과 장애인 당사자만의 문제가 아니라 사회와 지역 주민이 함께 떠안고 갈 문제로 인식하고 있지요. 작업장은 장애인들이 사회로 나가는 중간 단계로 존재합니다."

어빌리티 퍼스트처럼 장애인 단체가 다른 작은 단체에 손을 내밀어 기꺼이 도와줄 수 있는 것은 미국 사회의 기부 문화가 어느 나라보다 활성화되어있기 때문이다. 한 예로 장애인 자활 문제에 관심 있는 LA 지역 시민이나 장애인을 가족으로 둔 사람들이 현금이나 주식,

채권 혹은 신탁의 형태로 지난해 이 단체에 기부한 금액만 해도 700만 달러(약 76억 원)가 넘는다고 한다. 이는 어빌리티 퍼스트의 지난해 전체 예산 가운데 27퍼센트에 해당하는 큰 금액이다.

주정부와 시정부에서도 장애인 단체를 직접 지원할 뿐 아니라 이들 단체에 기부하는 개인과 기업의 기부금에는 세금 감면 등 여러 가지 세제 혜택을 제공해 기부가 늘도록 독려하고 있다.

마이크로소프트사의 창설자 빌 게이츠[Bill Gates] 부부와 유명 투자자인 워런 버핏[Warren Buffett]이 미국 부

이송을 기다리고 있는 완성품들(위), 완성된 제품을 이송하는 트럭(아래). 이렇게 판매로 벌어들인 수익금 중 20퍼센트는 더 어려운 단체에 기부한다.

자들에게 동참을 호소하며 '기부 선언[The Giving Pledge]'이라는 캠페인을 벌이고 있는 것도 눈여겨볼 대목이다. 록펠러가의 데이비드 록펠러[David Rockefeller]와 블룸버그 통신 창설자인 마이클 블룸버그[Michael Bloomberg], CNN 창업자 테드 터너[Ted Turner] 등 내로라하는 미국 부자들이 동참하면서 기부 약정 금액이 6000억 달러(약 6600조 원)에 달했다. 이전 년도

> 돈을 벌어
> 더 어려운 장애인을
> 돕는다

미국 전 국민이 기부한 금액의 두 배에 해당한다고 한다. 미국 사회에 뿌리를 굳게 내린 기부 문화가 부자들의 기부 행렬로 이어진 것이다.

피땀 흘려 모은 재산을 사회적 약자들의 건강과 행복을 위해 쓰는 것이 무엇보다 바람직하고 의미 있는 일이라는 사회적 분위기가 어빌리티 퍼스트 같은 장애인 단체에 큰 힘이 되고 있다. 뜻이 있는 곳에 길이 있듯이, 장애인이 있는 곳에 일자리가 있다면 얼마나 행복할까? 미국 장애인 자활과 복지의 저력을 실감하면서 100년만의 폭염 속으로 다시 몸을 내맡겼다.

글 · 백경학

어빌리티 퍼스트
AbilityFirst

주소   1300 E. Green Street, Pasadena, CA 91106, USA
전화   1-626-396-1010
이메일 info@abilityfirst.org
홈페이지 www.abilityfirst.org

브랜드를 내걸고
품질로
승부하는 일터

일본 스완 베이커리

'브랜드'를 내걸고 전국에 26개 체인점을 가진 장애인 일터가 있다. 일본 긴자에 본점을 둔 스완 베이커리^{スワンベーカリ}는 사회 복지 법인과 부모회, 개인 등 다양한 운영 주체들이 체인점 형태로 빵집을 운영하는 독특한 형태의 작업장이다. 이처럼 브랜드를 내건 장애인 일터는 일본에서도 스완 베이커리가 유일하다.

우리가 찾은 오사카 이바라키 시의 스완 베이커리는 도요카와 역에서 하천을 따라 10분 정도 걸어가면 나오는 주택가에 있다. 작은 화단으로 꾸며진 2층짜리 콘크리트 건물의 1층에 자리 잡은 밝고 환한 매장에는 빵 진열대와 함께 카페 공간이 있다. 창가에 놓인 탁자에서 15명 정도의 손님이 빵, 케이크, 커피를 즐기고 있다. 안쪽 제빵실에서 장애인 직원들이 빵을 만든다. 카운터 뒤에서 음료를 준비하고

오사카 이바라키 시의 스완 베이커리. 1층에 자리 잡은 밝고 환한 매장에서 장애인 제빵사들이 만든 빵과 케이크를 맛볼 수 있다. 스완 베이커리는 긴자에 본점을 두고 있으며 여러 운영 주체들이 체인점 형태로 빵집을 운영한다.

서빙하는 것도 모두 장애인이다. 카운터에는 수제 쿠키와 직접 재배한 유기농 채소도 놓여 있다.

  출입구 반대쪽의 접이식 유리문을 통해 오른쪽으로 돌아나가면 2층으로 올라가는 연결 통로가 나온다. 연결 통로에는 시각 장애인을 위한 유도 블록과 안전 바가 설치되어 있다. 센서로 작동하는 자동 유리문을 통해 들어가면 실내 계단과 엘리베이터가 나오고, 위쪽으로 높게 뚫린 창에서 햇살이 환하게 쏟아져 들어온다. 이 건물은 처음부터 장애인 작업장을 염두에 두고 설계되어 『건축자료연구사』라는 잡지에 도면이 실리기도 했다.

　　2층에서는 고소하고 달콤한 쿠키 냄새가 풍긴다. 여성 장애인들이 오븐에 쿠키를 굽고 있다. 이곳에서 만든 쿠키를 1층 베이커리에서 판매한다. 쿠키 작업장과 나란히 재활용 작업장이 자리하고 있는데, 회수된 알루미늄 깡통으로 보호 비닐 쿠션을 만드는 곳이다. 마스크, 헤어캡, 앞치마를 착용한 작업자들이 커다란 탁자에 둘러앉아 작업에 열중하고 있다. 여기서 만든 쿠션은 병원에서 사용하는 의료기기를 배달할 때 충격을 완화하기 위한 용도로 쓰인다. 재활용 작업장의 근로 장애

스완 베이커리 내부(위), 2층 작업장에서 만든 쿠키를 1층의 매장에서 판매한다(아래).

인들은 옥상의 채소밭, 인근의 산에서 채소를 길러 1층에서 판매한다. 옥상은 채소밭과 함께 휴게 공간으로 꾸며져 있다.

　　스완 베이커리 이바라키점은 사회 복지 법인 도요카와복지회에서 운영하고 있다. 야마토 복지재단의 고故 오구라 마사오小倉昌男 전 이사장이 장애인 고용을 위해 설립한 스완 베이커리는 사회 복지 법인,

부모회, 개인, 기업 등의 신청을 받아 야마토에서 심사한 뒤 운영 기관을 선정한다. 운영 신청은 많은 편이지만 막상 운영 기관으로 선정된 뒤 장애인 고용을 유지하지 못하는 곳이 늘면서 심사가 까다로워졌다. 이바라키점은 도요카와복지회에서 운영권을 받아 7년 전부터 운영하고 있다.

도요카와복지회는 스완 베이커리 건물 2층에서 성인 지적 장애인들이 일하는 재활용 작업장 쿠키 작업장도 함께 운영하고 있다. 이 건물에서 일하는 장애인 직원은 36명으로 베이커리, 재활용 작업장, 쿠키 작업장 각 파트별로 12명이 일한다. 1층 베이커리에서는 혼자서 자전거 출퇴근이 가능한 경증 장애인들이 일하고 있으며 2층 작업장에서 일하는 장애인들은 다소 중증이다. 비장애인 직원은 모두 12명이 일하고 있다.

1층 베이커리의 영업시간은 오전 7시 30분부터 오후 5시 30분까지다. 장애인들의 근무 시간은 오전 8시 45분부터 오후 4시까지인데, 비장애인 직원은 퇴근 시간이 1시간쯤 늦다. 직원들은 주 1회씩 돌아가며 오전 5시에 출근해 영업을 준비한다.

스완 베이커리의 주 고객은 지역 주민들이다. 주변에 경쟁 빵집은 없지만 도심지가 아니라 조용한 주택가에 있어 썩 좋은 위치는 아니다. 매장 판매보다는 학교나 기업에서 주문받아 판매하는 비중이 훨씬 높다.

사회 복지사이기도 한 마에카와 다구야(前川卓也) 점장은 운영의 어려움을 토로했다. "정부 보조금이 있긴 하지만 수익 구조를 맞추는 것이 가장 어렵습니다. 번화가에 있는 긴자 본점은 고객들이 줄을 서서 기다릴 정도지만 이곳은 주문 생산을 통한 판매 외에는 큰 수익을 기대할 수 없어요." 마에카와 점장은 장애 직

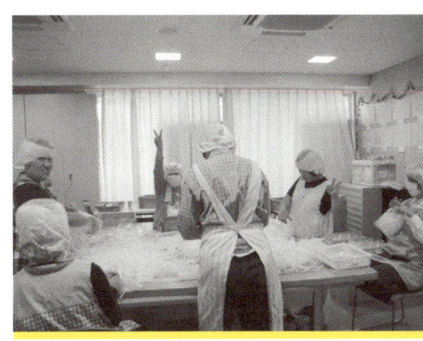

스완 베이커리 2층에 있는 재활용 작업장. 회수된 알루미늄 깡통으로 보호 비닐 쿠션을 만드는 곳이다.

원들에게 최저 임금 수준(약 160만 원)의 급여를 지급하는 게 쉽지 않지만 지역의 따뜻한 시선이 큰 힘이 된다고 했다. 인근에 빵집이 없기도 하지만 장애인들이 일하는 곳이라고 일부러 찾아 주는 손님도 있다. 장애인부모회가 이 지역에서 오랫동안 활동하며 터를 닦아 둔 덕이다.

체인 본사 ㈜스완 베이커리는 야마토 복지재단의 오구라 전 이사장이 만들었다. 일본에는 장애인 작업장이 6000곳 이상 있지만 월 급여가 대개 1만 엔(약 14만 원)을 밑돌아 활동 보조금 수준이다. 오구라 이사장은 월급 1만 엔으로는 도저히 장애인 자립이 이루어질 수 없다고 생각했다. 그는 경영인다운 방식으로 해결점을 찾았다. 복지 시설에 경영 노하우를 전수해야 장애인 작업장이 수익을 낼 수 있고, 그래야만 장애인들이 저임금에서 벗어날 수 있다고 생각했다. 오구라

이사장은 두 가지 목표를 정했다. 첫째는 '작품'이나 '주문받은 일감'이 아니라 일반 소비자를 대상으로 시장에서 팔리는 '상품'을 만드는 것, 둘째는 장애인 직원들에게 '월급 10만 엔(약 140만 원)'을 주는 것이었다.

오구라 이사장은 1996년부터 전국 각지에서 강연을 하면서 의식 개혁에 힘쓰던 중 한 베이커리 대표에게서 냉동 생지를 이용하면 쉽게 빵을 구울 수 있다는 말을 듣고 1998년 야마토 복지재단, 야마토 홀딩스를 통해 주식회사를 설립했다. 단순히 자본만 댄 것이 아니라 경영 기술, 판매 경로, 파트너십을 제공해 그간의 경영 노하우를 스완 베이커리 속에 녹여 냈다.

1998년 6월에 스완 베이커리 1호점이 긴자에 문을 열었고, 이어 2001년에 아카사카점이 영업을 시작했다. 지금은 직영점이 3곳, 체인점은 25곳이다. 각 점포에서 고용한 장애인 수는 총 280명 이상이고 그 가운데 70퍼센트가 지적 장애인이다. 장애인 직원의 능력과 적성을 평가해 개인에 맞는 훈련을 시킨 뒤 배치한다.

스완 베이커리는 장애인에게 일할 기회를 제공하는 데 그치지 않고 사업 면에서도 크게 성공을 거뒀다. 장애인 작업장의 수익 사업 모델이지만 장애인이 일한다는 사실이 아니라 품질과 서비스를 내세워 손님을 끈다. 실제로 스완 베이커리를 찾는 고객들 중에는 직원들이 장애인이라는 사실을 모르는 사람도 많다고 한다. 신상품 개발에

쏟는 노력도 여느 기업 못지않다. 최근에는 달걀과 크림에 알레르기가 있는 사람을 위한 케이크를 내놓아 엄청난 인기를 끌었다.

'장애인에게 편하면 모두에게 편한 것'이라는 사실을 잘 보여 주는 사례도 있다. 거동이 불편한 장애인이 재택근무를 할 수 있도록 온라인 주문 시스템을 개발했는데 이 시스템 덕분에 운영 효율성이 높아져 수익 개선에도 도움이 되었다고 한다.

일반 소비자를 대상으로 한 상품을 팔아 수익을 내는 장애인 일터를 만들겠다는 한 기업인의 의지가 새로운 모델을 만들었다. 스완 베이커리라는 이름도 오구라 이사장이 직접 지었다. 장애인들이 안데르센의 동화에 나오는 미운 오리새끼처럼 아름다운 백조(스완)로 성장하기를 바라는 마음이 담겨 있다.

글·김미애

스완 베이커리 이바라키점
スワンベーカリー 茨木店

주소 大阪府茨木市豊川3-3-27
전화 81-72-643-6612
홈페이지 www.swanbakery.jp

장애인의 일자리를 창조하는 특례 자회사들

일본 다이킨 선라이즈 셋쓰, 간덴 엘하트

일본 오사카의 다이킨 선라이즈 셋쓰^{株式会社 ダイキンサンライズ摂津}는 장애인 고용 증대를 위한 특례 작업장이다. 셋쓰 시에서 일본 에어컨 시장 점유율 1위인 다이킨공업에 제안해 1993년 설립되었다. 초기 자본금 2억 4956만 엔(약 34억)은 오사카 부가 38.4퍼센트, 셋쓰 시가 4.4퍼센트, 다이킨공업이 50.9퍼센트, 다이킨그룹이 6.3퍼센트를 부담했다.

특례 자회사에 고용된 장애인은 모회사에 고용된 것으로 간주된다. 따라서 최근 들어 일본의 많은 대기업이 장애인 의무 고용 비율을 채우기 위해 특례 자회사를 세우고 있다고 한다. 이 제도가 실시된 1976년부터 2007년 6월까지 일본에는 220개의 특례 자회사가 생겼다. 다이킨 선라이즈 셋쓰는 특례 자회사이면서 동시에 정부의 출자금

다이킨 선라이즈 셋쓰 작업장 전경. 장애인 고용률을 달성하기 위해 설립된 다이킨 작업장은 대기업이 설립한 일본의 대표적인 특례 자회사다.

을 받아 제3섹터 방식으로 운영되는 사업장이다.

일본 대기업들도 장애인 고용을 꺼리는 건 우리와 크게 다르지 않다. 장애인과 비장애인을 통합 고용할 경우 관리 부담이 높아진다고 주저한다. 대부분의 대기업은 의무 고용률을 채우는 것보다 부담금을 내는 쪽이 더 저렴하고 효율적이라고 여긴다. 이런 문제를 해소하기 위해 도입된 특례 자회사는 사정이 비슷한 한국의 자회사형 표준 사업장의 모델이 되었다.

설립 목적을 '장애인 고용률 달성'이라고 밝힌 다이킨 선라이즈

장애인의 일자리를
창조하는
특례 자회사들

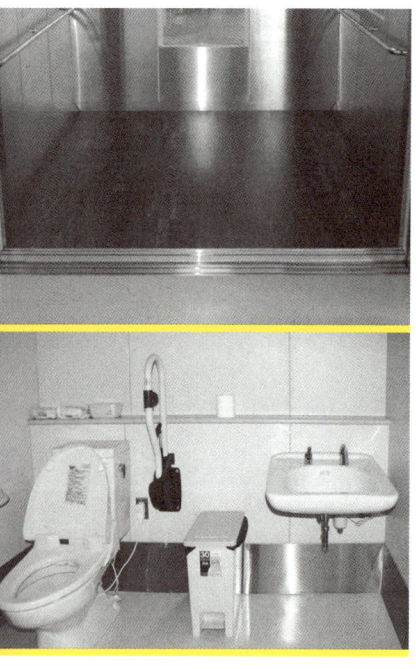

엘리베이터와 화장실 등은 주요 벽면의 하단을 철제로 마감해 휠체어나 장비에 부딪혀도 훼손되지 않도록 했다.

셋쓰는 대기업이 설립한 일본의 대표적인 특례 자회사다. 모기업인 다이킨공업의 장애인 고용률은 작업장 설립 전 1.34퍼센트에서 2011년에 2.27퍼센트로 높아졌다.

2009년 기존의 공장 옆에 신축한 3층 철제 건물은 설계 단계에서부터 장애인들이 참여했다. 화장실과 세면대 등 주요 벽면의 하단을 쇠붙이로 마감해 휠체어와 장비 등이 부딪혀도 훼손되지 않도록 만들었다. 엘리베이터 내부에는 타고 내릴 때 문이 천천히 열리고 닫히도록 조작하는 버튼이 별도로 달려 있다. 시각 장애인이 주로 근무하는 3층에는 복도 바닥에 빨간색 선을 그려 저시력 장애인 직원의 공간 변별과 이동을 돕는다.

다이킨 작업장의 종업원 수는 2010년 10월 기준 91명으로 이 가운데 장애인이 85명이다. 신체장애 30명, 청각 장애 27명, 지적 장애 18명, 정신 장애 9명, 시각 장애 1명이 일한다. 장애 정도로 따져 중증 장애인은 85명 중 61명이다.

일하는 사람들의 장애 유형과 특성에 맞춰 작업을 하는데, 모기업인 다이킨공업에서 발주한 에어컨 조립이 가장 큰 비중을 차지한다. 그 밖에 유압 윤활 장치 부품 가공·조립, 전기 부품 조립, 기계 부품 조립, 불소 화학제품 제조, CAD 도면 작성이 주요 작업 내용이다.

저시력 직원들을 위해 그려 놓은 복도의 빨간색 라인. 공간 변별과 이동을 돕는다.

고토 가나마루後藤金丸 공장장은 "장애인 직원들의 의견과 아이디어를 반영해 작업 환경을 지속적으로 개선해 나가고 있다."라고 밝혔다. 예컨대 청각 장애인을 배려해 전 직원이 수화를 배워 의사소통을 하자는 제안도 직원이 낸 것이라 한다. 참고할 만한 제안에는 1건당 500엔(약 6800원)을 지급하는데 많은 직원들이 5000엔~2만 엔(약 6만 8000원~27만 원)의 별도 수당을 가져간다고 한다.

이 회사는 또 장애 직원을 계장, 라인 리더 등의 자리에 적극적으로 등용한다. 신체장애인 6명, 청각 장애인 4명, 시각 장애인 1명이 관리자로 일하고 있다. 지속적인 교육을 통해 직원들의 전문성을 높이기 위해 노력하는 것도 이 회사의 자랑거리다. 수화 교육 이외에도 가스 용접, 환경 ISO, 냉매 회수와 같은 분야의 자격증 및 인증을 취득

작업장 내부 모습. 작업은 노동자의 장애 유형과 특성에 맞춰 세부적으로 나뉘어 있는데, 모기업인 다이킨공업에서 발주한 에어컨 조립이 가장 큰 비중을 차지한다. 직원들의 급여는 월 15만 엔 내외로 초임이 일본의 최저 임금보다 높다.

하도록 독려한다.

다이킨 선라이즈 셋쓰의 2009년 매출은 약 9억 엔(약 120억)이다. 다이킨공업의 발주 물량이 대부분을 차지하지만 그룹 내 다른 계열사에서도 일감을 받는다. 직원들의 급여는 월 13만 8000엔~20만 엔(약 180만 원~270만 원)이다. 휠체어를 타고 우리를 안내해 준 마쓰모토 준지松本淳治 씨가 말했다. "초임은 일본의 최저 임금보다 약간 높은 수준이지만 경력이 쌓이면 월급이 많아집니다. 작업 환경이 좋고 생산 현장에서 한 사람 몫을 한다는 자부심을 느낄 수 있어 보람이 큽니다."

일본 다이킨 선라이즈 셋쓰, 간덴 엘하트

간덴 엘하트 株式会社 かんてん エルハート 역시 특례 자회사로 학교와 기업 등에서 관광버스를 대절해 해마다 3000명 이상이 견학을 온다. 장애인 고용을 위해 설립되었을 뿐 아니라 건물 설계에서부터 장애인 편의를 염두에 두고 만들어 장애인 일터의 모델이 되었다. 관서전력 자회사인 간덴 엘하트 직원들은 "왕세자

간덴 엘하트 작업장의 모습. 왼쪽은 인쇄, 포장 등 실내 작업이 이뤄지는 건물이고, 오른쪽은 원예 작업장이다.

가 모기업엔 안 갔지만 우리 회사는 방문했다."라며 몹시 자랑스러워한다고 한다.

전철역을 나와 쭉 이어진 점자 블록을 따라 10분쯤 걸으면 간덴 엘하트 정문이 나온다. 이 정문을 들어서면 나오는 주차장과 작업장, 사무실, 편의 시설은 전체가 무장벽 건물이다. 장애인의 일터와 장애인이 쓰기 편한 설비가 설계 단계에서부터 결합돼 있다.

문턱이 없는 것은 기본이고, 휠체어 장애인의 편의를 고려해 벽의 전등 스위치는 일반적인 위치보다 낮은 곳에, 전원을 꽂는 곳은 더 높은 곳에 있다. 각 사무실마다 비상시 간호사를 호출할 수 있는 비상벨이 있고, 화재 경보가 울리면 청각 장애인을 위해 모든 불빛이 점멸한다. 사무실 바닥에 어지럽게 깔려 있기 마련인 전화벨, 컴퓨터 연결

장애인의 일자리를
창조하는
특례 자회사들

전철역부터 회사까지 이어진 점자 블록(위), 휠체어에 탄 사람도 집을 수 있게 낮게 위치한 소화전(아래).

선 등등은 모두 땅바닥 아래로 묻어 휠체어가 다니는 데 지장이 없도록 했다.

식당의 식탁은 휠체어가 안으로 쏙 들어가게끔 만들어 일반적인 식탁보다 높은 편이다. 식탁 의자도 각양각색으로 장애 유형에 따라 각자 편안한 의자를 골라 앉을 수 있다. 탈의실의 옷장 역시 일반적인 기준보다 높이가 낮아 휠체어에 앉은 채 옷을 걸 수 있다. 화장실의 변기 옆엔 키 낮은 샤워기가 설치돼 있다. 교통이 막혀 만에 하나 배설 문제가 있을 때 바로 처리할 수 있도록 배려한 것이다.

시설뿐 아니라 급여 면에서도 소규모 작업장과는 상당한 차이가 있다. 회사 설명에 따르면 이 회사 직원 가운데 가장 급여가 낮은 사람의 연봉이 200만 엔(약 2700만 원)이라고 한다.

이만 한 조건이면 장애인들이 앞다퉈 몰려들지 않을까? 결국 이런 '혜택'을 누리는 것은 극히 일부의 운 좋은 장애인이 아닐까? 회사가 들려준 답은 예상과는 전혀 달랐다. 지적 장애인에 비해 작업 효율이 더 높은 신체장애인은 구인난을 겪고 있다고 했다.

"신체장애인을 모집하기가 어려워서 전문 알선회사를 통하고 있습니다. 고용한 장애인의 3개월분 급여와 보너스에 해당하는 수수료를 알선사에 주고 있습니다." 간덴 엘하트의 나카이 시로^{中井志郎} 전무가 자세한 사정을 들려주었다.

간덴 엘하트는 장애인고용촉진법에 따라 의무 고용 비율을 채우기 위해 대기업이 만든 특례 자회사이므로 매출 비율이 본사 80퍼센트,

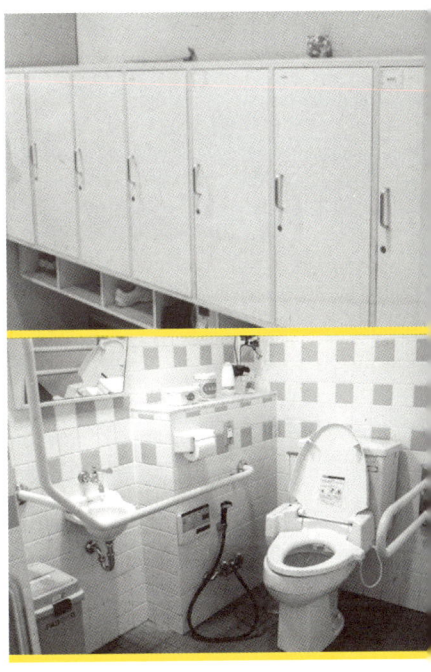

높이가 낮은 탈의실 옷장(위), 변기 옆에도 샤워기를 설치해 배변 문제가 있었을 때 바로 처리할 수 있도록 했다(아래).

그룹 관련사 9퍼센트다. 순수한 외부 일감은 11퍼센트에 불과하다. 결국 의무 고용률을 채우기 위해 만든 회사가 아니냐는 다소 가시 돋친 질문을 던지자 나가이 전무는 "의무 고용률 문제도 있지만 사회공헌 사명감도 있다."라고 답했다.

"어느 회사든 장애인이 일할 수 있는 분야는 분명히 있습니다. 장

장애인의 일자리를
창조하는
특례 자회사들

간덴 엘하트의 원예 작업장(위), 라벨 붙이기, 포장 등의 작업은 주로 정신지체 장애인들이 담당한다(아래).

애인 고용이 안 되는 건 결국 경영자가 무능한 탓입니다."

나가이 전무는 장애인 고용과 경제 논리가 배치되는 것은 아니라고 설명했다. 장애인에게 적당한 일감이 있는 경우, 비장애인이 아니라 장애인을 고용했기 때문에 추가로 드는 비용은 없다는 것이다.

회사와 전문적으로 계약하는 산업의사는 의료보험에서, 장애인의 적응 문제를 도와줄 상담사는 국가가 무료로 지원한다. 여기다 장애인을 고용하면 재정 지원까지 받을 수 있다. 간덴 엘하트의 경우 연 2000만 엔(약 2억 7000만 원)의 국가 보조금을 받는다.

간덴 엘하트의 주요 업무는 인쇄와 상품 포장, 디자인, 원예, 메일 서비스 등이다. 상품 포장의 경우 영업은 신체장애인이, 포장은 정신지체장애인이 맡는 식이다.

그렇다고 장애 유형별로 사람을 뽑지는 않고 업무별로 뽑는다.

간덴 엘하트의 주요 업무는 인쇄와 상품 포장, 메일 서비스 등이다. 상품 포장의 경우 영업은 신체장애인이, 포장은 정신지체장애인이 맡는다.

1994년 회사 설립 당시 28명이었던 장애인 직원 수가 2012년에는 111명으로 약 4배 늘었다. 이 중 지적 장애인이 53명, 신체장애인이 50명, 정신 장애인이 8명이다.

　간덴 엘하트에서 근무하는 이들에게 가장 어려운 일은 무엇인지 물어보았다. 그런 질문의 밑바탕에는 장애인이니까 뭔가 특별한 점이 있을 것이라는 생각이 깔려 있었을 것이다. 포장 업무를 담당하는 직원의 대답은 여느 직장인들과 다르지 않았다.

　"계속 실내 작업만 하는 게 스트레스죠. 하지만 책정된 업무 분량

장애인의 일자리를
창조하는
특례 자회사들

을 넘어섰을 때 큰 보람을 느낍니다."

　　장애인 일터라고 해서 일반 회사와 '다른 점'을 찾으려는 우리의 눈에 비친 건 그저 평범한 일터였다.

글 · 김미애

다이킨 선라이즈 셋쓰
株式会社 ダイキンサンライズ摂津

주소　　大阪府摂津市東別府4-9-9
전화　　81-6-6349-3173
홈페이지　www.daikin.co.jp/group/dss/index.html

간덴 엘하트
株式会社 かんでん エルハート

주소　　大阪市住之江区泉1-1-110(58号)
전화　　81-6-6686-7593
홈페이지　www.klh.co.jp

독일 바르타바일 어린이청소년 캠프장

독일 바트 메르겐트하임

일본 오사카 장애인의료·재활센터

일본 마이시마 장애인 스포츠 센터

일본 유매히코 중증장애인 데이서비스센터

일본 니시요도가와 장애인학교

생활
재활 시설

살맛 나는 세상을 만드는 지역 사회 중심 재활

김윤태 · 가톨릭대학교 재활의학과 교수

역사적으로 장애인을 위한 재활 사업은 주로 재활과 훈련, 고용이 이루어지는 병원과 학교와 같은 기관을 중심으로 발전되어 왔다. 그러나 이러한 발전 과정은 장애인이 가족과 지역 공동체로부터 격리되는 결과를 낳았다.

다행히도 최근에는 장애인이 가족과 지역 공동체 내에서 재활 서비스를 효과적으로 누릴 수 있도록 하는 방향으로 관심이 기울고 있으며, 그러한 방향이 바람직한 것으로 인식되고 있다. 더 나아가 장애를 가진 사람이 스스로 삶을 꾸려 나갈 수 있도록, 가족과 지역 공동체 내에서 자립할 수 있도록 재활 서비스를 제공해야 한다는 데 의견이 모이고 있다.

중증 장애인이 지역 사회 내에서 소외되지 않고 스스로 살아갈 수 있으려면 장애 발생 초기부터 의료와 교육, 취업 등 여러 영역을 포괄하는 재활 사업이 효과적으로 시행되어야 하지만 우리의 실정은 아직까지 갈 길이 멀어 보인다. 최근 수년간 재활의료 기관들이 급격하게 늘었음에도 불구하고 지역 불균형이 심해 아직도 재활 치료를 받기 힘든 지역이 많다. 의료 체계가 불완전해 충분히 재활 치료를 받기 힘들고, 사회 재활 프로그램의 미비로 인해 가정이나 직장으로 복귀하기도 쉽지 않다. 이 병원 저 병원 전전하며 선진국에 비해 턱없이 오랫동안 입원 치료를 해야 하고, 그 기간 동안 고스란히 경제적 부담을 감당해야 하는 것이 우리의 현실이다.

이러한 현실을 극복하기 위해서는 이번 장에서 소개하는 복지 선진국의 포괄적인 재활 서비스를 눈여겨보아야 한다. 재활의료 기관과 자립 지원 기관이 연계된 서비스, 중증 장애 아동 교육과 재활의료가 연계된 서비스는 장애인 재활 사업의 매우 중요한 핵심일뿐더러 우리가 지향해야 할 바를 잘 보여 주고 있기 때문이다.

초기 지역 사회 중심 재활^{CBR} 사업은 80년대 초반 세계보건기구 WHO의 주도하에 일차 보건 의료를 중심으로 한 소규모 지역 사업부

살맛 나는 세상을
만드는
지역 사회 중심 재활

터 시작되었다. 그 이후로 장애 개념이 변화하고, 장애인들의 활동이 활발해짐에 따라 의학적인 재활뿐만 아니라 교육과 취업, 지역 사회와의 유대감 강화와 같은 포괄적 재활로 지역 사회 중심 재활 사업이 확대되어 왔다. 현재 지역 사회 중심 재활은 장애를 가진 모든 사람들의 재활과 기회균등, 사회 통합을 돕는 전략으로, 지역 사회의 변화와 발전을 통해 장애인들의 권리를 보호하는 데 그 목표를 두고 있다. 지역 사회 중심 재활 사업을 전개하기 위해서는 장애인의 건강, 교육, 생계, 사회 활동과 역량 강화 등 여러 영역에서 공공 및 민간 기관들 간의 협력하에 지역 사회 장애인들을 지원해야 한다.

우리나라에서도 1980년도부터 지역 사회를 중심으로 다양한 재활 사업이 시도되어 왔다. 장애인종합복지관의 재가 장애인 서비스, 종합사회 복지관의 재가 복지 봉사센터 등 지역 복지관을 중심으로 재가 복지 사업이 활발히 전개되고 있고, 2000년부터는 국립재활원 중심으로 지역 사회 중심 재활 사업이 진행되고 있다.

하지만 선진 외국에 비하여 아직까지는 미진하다. 서비스의 질이 장애인 수요에 못 미치고 지역 사회의 참여가 저조하며, 사업비 및 인력 충원을 지원하는 정책이 뒷받침되지 못하는 한계가 있기 때문이다. 또 지역 사회 내 주간보호센터 및 자립 생활 센터들이 최근 수년간 급격히 증가했고, 중증 장애인 활동 지원 서비스가 시행되었음에도 불구하고 관련 시설이나 주요 서비스가 양적, 질적으로 많이 부족한 실정이다.

따라서 아직까지는 지역 사회 내 중증 장애인의 건강 관리나 요양 같은 다양한 재활 서비스를 체계적으로 제공하지 못하고 있기 때문에 중증 장애인들의 대다수가 집안에만 갇혀서 지내고 있는 것이 우리 실정이다. 이로 인해 가정과 지역 사회로부터 격리 수용되어 있는 장애인 시설의 문제들이 심심치 않게 사회 문제가 되기도 한다. 이러한 점에서 이번 장에서 살펴볼 선진국의 장애인 요양 및 스포츠 시설, 주간보호센터의 탐방기는 우리에게 시사하는 바가 크다.

세계적으로 지역 사회 재활 사업의 개념과 사업 양상이 변화하고 있음에도 불구하고 우리나라의 재활 사업은 아직까지 이러한 변화를 수용하기에는 그 한계가 뚜렷하다. 이를 극복하고 발전하기 위해서는 지속적인 노력이 필요하다. 국가적인 차원에서 복지 전략을 수립하

살맛 나는 세상을
만드는
지역 사회 중심 재활

고, 지역 재활 사업의 재정 기반을 마련해야 한다. 지역 간의 재활 시설 및 서비스 불균형을 해소하고, 지역 내 인적·물적 자원의 효율적인 동원을 위해 연계망을 형성하고, 지역 주민과 장애인의 참여율을 높일 방안을 찾아야 한다.

　　지역 사회에 장애인이 살 만한 환경을 만드는 것은 국가의 발전과 그 맥을 같이한다. 장애 발생 원인을 살펴보면 대부분이 사회 환경과 밀접한 후천적 원인들로 우리 사회의 제 문제들을 포괄하고 있기 때문이다. 또 장애를 가진 사람들의 재활을 어렵게 하는 사회적 환경도 결국은 우리 사회의 발전이 담보되지 않고서는 해결이 불가능한 문제들이 대부분이다. 장애로 인하여 가족과 지역으로부터 소외되거나 심지어 이민까지도 고려해야 하는 지금까지의 재활 환경을 개선하기 위한 방편으로 지역 사회의 재활 사업을 활성화할 방안들을 모색하고 시행하는 것은 장애인들의 권리를 확보해 나가는 일이 될 것이며 우리 사회가 발전해 가는 데 중요한 역할을 담당할 것이다.

　　이러한 관점에서 지역 사회에서 장애를 가진 사람들이 살아갈 만한 환경을 조성하고 주민들과 함께 연대하여 장애인들의 권리를 신장하는 일이야말로 지역 사회 재활 사업의 핵심이라 할 수 있을 것이다. 장애인들이 자기 삶의 주체가 되어 더 이상 가정과 지역 사회에서 유리되지 않고 자립 의지를 다질 수 있도록 지역 사회를 발전시키는 일이야말로 우리가 지향해야 할 방향이다.

장애인과 비장애인이 함께 즐기는 캠프장

독일 바르타바일 어린이청소년 캠프장

"장애인에게 편한 곳이 누구에게나 편한 곳이죠."

독일 바르타바일 어린이청소년 캠프장Erlebnisgarten Wartaweil의 관리책임자 아이그너 디터Aigner Dieter 씨는 "바르타바일은 모든 사람에게 편리하고 행복한 곳"이라고 강조했다.

그의 안내로 바르타바일에 들어서자 숲 속에서 아이들의 해맑은 웃음소리가 들려왔다. 웃음소리를 좇아 근처 놀이터로 다가가니, 초등학교 5학년~6학년으로 보이는 어린이 열 명 정도가 뭐가 그렇게 재미있는지 타이어를 이용한 그네를 타며 웃음꽃이 한창이다. 자세히 보니 그 중 서너 명은 장애 어린이였다. 장애 여부에 상관없이 어린이들이 자연 속에서 한데 어울리는 곳, 이곳이 바르타바일이다.

공식 명칭은 '만남과 교육의 장소, 그리고 기숙사'. 이름만 들어

어린이들이 폐타이어로 만든 그네를 타며 재미있게 놀고 있다. 그 뒤로 식당과 거실로 이용하는 본관 건물이 보인다. 본관 건물은 전면이 유리라 채광이 뛰어나며 지하에는 놀이시설이 있다.

서 정확히 어떤 곳인지 잘 이해가 되지 않는다. 방문하기 전에는 어렴풋이 우리의 '파주 영어마을'이나 '놀이동산'을 연상했는데 이름만큼이나 특이한 곳이었다. 이곳에서는 장애와 비장애 어린이와 청소년들이 함께 대개 3박 4일의 일정으로 프로그램에 참가한다. 독일이 통합교육을 지향하는 만큼 학교나 지역 사회의 동아리 어린이들이 온다면 자연스럽게 합동 캠프가 된다고 디터 씨는 설명했다. "바르타바일은 특별한 목적을 가지고 단기간에 무엇을 배우는 곳이 아닙니다. 자연 속에서 서로를 이해하고 함께 살아가는 방법을 배우는 곳이죠."

자동으로 높낮이를 조정할 수 있는 목욕용 침대. 바르타바일 어린이청소년 캠프장의 시설 하나하나에서 사회적 약자인 장애인을 배려하는 독일의 사회 복지 정신을 실감했다.

　　인솔 교사와 함께 독자적인 프로그램을 진행하는 경우도 있고, 어린이들끼리만 와서 이곳 교사의 지도로 프로그램에 참여할 수도 있다. 여름 방학 때는 초등학생들의 영어 캠프 장소로 이용되기도 한다. 과외 활동을 원하는 유치원과 학교, 장애인 단체, 사회단체 등이 주로 이 시설을 이용하는데 최근에는 가족 단위로 찾는 이용객들이 늘고 있다. 장애 어린이와 청소년을 위주로 만든 시설이고, 특별한 프로그램을 강조하지 않는 것이 일반 캠프와 다른 점이라고 한다.

　　독일 뮌헨 남부의 아머제 호수에 위치한 바르타바일은 인근 숲과 호숫가를 제외하고 전용 면적만 2만 7000제곱미터에 이른다. 넓은 땅 위에 식당과 숙소동 등 6개의 건물이 있다.

알프스에서 흘러내린 물로 생겨난 아름다운 호수 덕분에 이곳은 부자들의 별장과 휴양지로도 유명하다. 바르타바일 부지는 원래 독일 최대의 철강회사 티센의 회장 부인이 소유한 아름다운 성이었는데 장애인 시설로 사용해 달라는 조건을 붙여 부지를 바이에른 주정부에 기부하여 만들어졌다고 한다.

휠체어에 탄 사람도 쉽게 이용할 수 있도록 낮게 달린 세면대 손잡이에서 장애인에 대한 세심한 배려를 느낄 수 있다.

주정부는 기존 건물을 부수고 1650만 마르크(약 115억 원)를 들여 1995년부터 바르타바일을 짓기 시작해 2년 만인 1997년 완공했다. 지금은 장애인 권익운동 단체인 LVKM에서 맡아서 시설을 운영하고 있다. 장애인과 비장애인의 복지와 화합을 위해 독지가가 부지를 기부하고, 정부가 시설을 지어 비영리 단체에 운영을 맡긴 대표적인 사례다.

디터 씨의 안내로 숙소와 강당, 식당을 둘러보았다. 모든 시설에 문턱이 없는 대신 자동문이 달려 있다. 전등과 방문 손잡이 하나에도 장애인에 대한 세심한 배려가 담겨 있다. 키가 작거나 휠체어를 이용하는 장애인을 위해 앞으로 당겨서 옷을 걸도록 설계된 옷걸이, 자동으로

장애인과 비장애인이
함께 즐기는
캠프장

모든 어린이 가장 타보고 싶어 하는 그네. 장애가 있는 어린이도 혼자 탈 수 있도록 만들어졌다.

높낮이를 조정할 수 있는 목욕용 침대 등 이곳의 비품과 시설에는 사회적 약자인 장애인을 배려하는 독일 사회 복지의 정신이 녹아 있었다.

바르타바일은 장애인과 비장애인 구별 없이 이용료가 똑같고, 미리 예약만 하면 누구나 이용할 수 있다. 이용료는 숙박, 식사, 프로그램 참가 등 모든 비용을 포함해 1박 2일 기준으로 성인은 35유로(약 4만 9000원), 어린이는 26유로~31유로(약 3만 7000원~4만 4000원)이다. 장애인을 위한 시설이기 때문에 일반 캠프가 하루 120유로(약 17만 원)인 것에 비해 이용료가 3분의 1 수준으로 저렴하다.

휠체어 장애인은 혼자 그네를 탈 수 없다는 것이 상식인데 이곳에서는 상식을 뒤집고 장애인이 혼자 탈 수 있도록 설계된 그네가 설치돼 있다. 왜 장애인은 당연히 그네를 타지 못한다고 생각했을까? 그것이 복지 선진국과 우리의 차이다. 장애인 시설과 정책에 발상의 전환이 필요하다는 것을 캠프장의 그네가 보여 준다.

숙소동 내 객실과 복도는 벽면마다 서로 다른 색을 칠해 조화를 이룬 것이 재미있다. 도움이 필요한 사람이 숙소나 화장실에서 비상벨을 누르면 관리실과 복도에 있는 비상등에 불이 들어오고 부저가 울리도록 설계돼 있다. 본관과 숙소동을 연결하는 복도는 유리와 철제로 만들어졌는데 약간 경사가 있고 복도 양쪽에 나무를 심어서 마치 정글에 들어선 것 같은 느낌을 준다.

본관과 숙소동을 연결하는 복도는 미세한 경사를 줘서 휠체어가 쉽게 식당으로 이동할 수 있도록 설계되었다.

장방형으로 퍼져 있는 3개의 숙소동은 본관과 복도로 연결돼 있다. 유리를 이용해 햇빛이 잘 들도록 설계된 본관에는 행정부서가 아니라 이용객을 위한 식당과 서재, 휴식 공간이 자리 잡고 있다. 지하 1층에는 영화관과 게임실, 디스코텍 등이 있는데 밤 10시 이후에 계속 놀고 싶은 청소년들은 이곳에서 댄스파티를 즐긴다고 한다. 장애를 갖게 되면 비장애인이 즐기는 모든 일상을 포기해야 한다는 것이 일반적인 통념이다. 하지만 이곳에서는 장애인에 대한 통념과 상식이 통쾌하게 깨진다.

정원을 지나면 숲길이 호숫가로 이어진다. 독일 부호들의 별장이 즐비한 곳에 바르타바일이 어깨를 나란히 하고 있다. 호수에는 나무로 만든 선착장이 있다. 호수 한복판까지 이어진 선착장 한쪽에 이상한 기둥이 서 있다. 기중기 기능을 가진 기둥으로 장애인도 호수에서 수

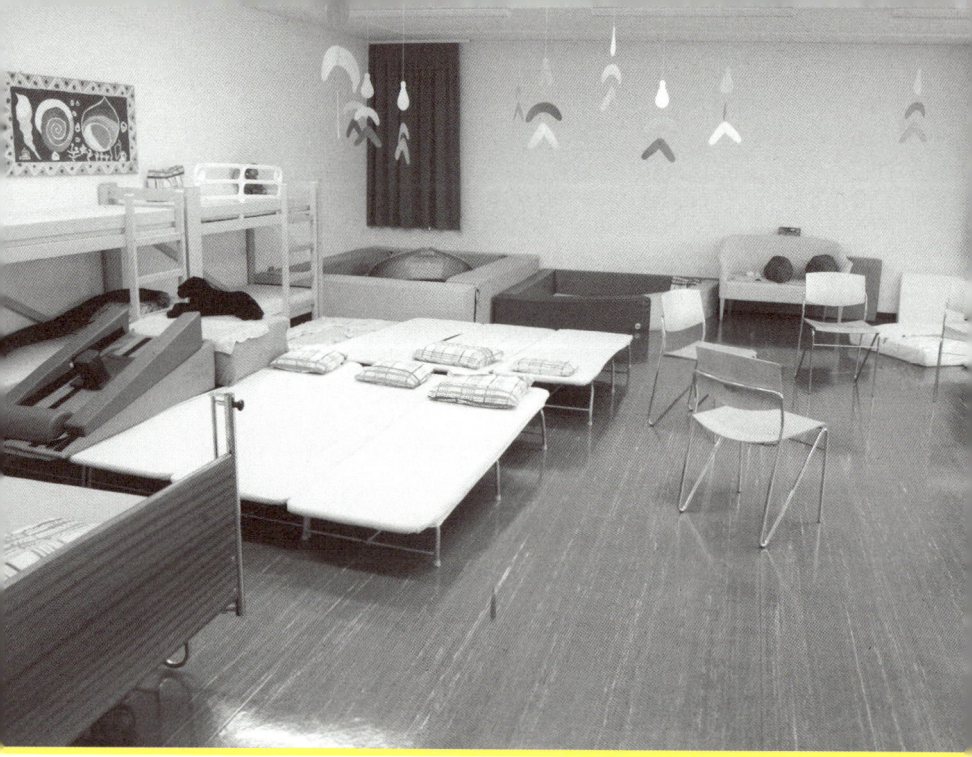

숙소동 내 객실의 모습. 도움이 필요한 사람이 비상벨을 누르면 관리실과 복도에 있는 비상등에 불이 들어오고 부저가 울린다.

영할 수 있도록 도와주는 기구다. 보조 기구의 도움을 받더라도 호수 물에 몸을 담갔을 때 장애인들이 느끼는 감동은 대단하다고 한다.

어린이가 탄 휠체어를 밀어주고 있는 사람을 만나 가족인지 일행인지 물었더니 자원봉사자라고 한다. 혼자 움직일 수 없는 중증 장애인의 경우 바르타바일에서 활동 보조인을 별도로 배정해 이곳에서의 활동을 곁에서 도와준다고 한다. 놀이시설에도 활동 보조인이 필요하다는 것을 깨달았다.

어린이들이 야외 화덕에서 반죽한 피자를 직접 굽고, 휠체어에 앉은 어린이와 비장애 어린이가 함께 타는 그네가 있는 캠프장. 이런 캠프장이 우리에게도 있다면 장애인과 비장애인이 서로를 이해하고 어울리는 멋진 장이 될 것이다.

장애 어린이뿐 아니라 어른도 다시 찾고 싶은 곳, 바르타바일만큼 멋진 휴양지는 아니라도 혼잡한 도심을 떠나 여유를 찾을 수 있는 곳이 우리에게는 더 필요하다. 대기업들이 잘못된 관행의 대가로 기부한 수천억 원의 사회 공헌 기금으로 국민이 동의하지 않는 오페라하우스를 짓는 게 아니라 이런 제대로 된 캠프장을 지을 수는 없을까?

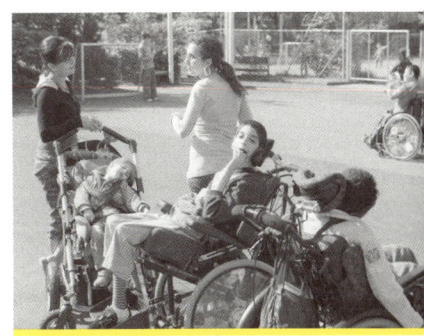

혼자 움직일 수 없는 중증 장애인의 경우 놀이시설을 이용할 때 활동 보조인을 별도로 배정한다.

글 · 백경학

바르타바일 어린이청소년 캠프장
Erlebnisgarten Wartaweil

주소 Wartaweil 45, 82211 Herrsching am Ammersee
전화 49-8152-9398-10
이메일 info@wartaweil.de
홈페이지 www.wartaweil.de

마음까지 쉬어 가는
숲 속의
요양도시

독일 바트 메르겐트하임

온천 지역 바트 메르겐트하임^{Bad Mergentheim}은 요양원, 요양공원, 재활병원이 모여 있는 도시다. 요양원에서 척추 운동을 하거나 긴장 이완을 위한 치료를 받고, 요양공원을 산책하며 심신의 활기를 북돋운다. 여름이면 50만 송이의 꽃으로 뒤덮이는 요양공원은 기찻길 안쪽의 내부 공원이 15만 제곱미터, 기찻길 아래 터널로 연결되는 외부 공원이 14만 제곱미터의 면적이다. 공원이 끝나는 지점에는 재활병원이 있다. 수술 후 재활 치료를 받는 환자들도 바트 메르겐트하임의 각종 시설을 이용하면서 사회 복귀를 준비한다.

"요즘엔 직접적인 치료보다 예방 차원의 트래킹이나 체조, 기 운동, 영양 섭취법, 수면법이 인기를 끌고 있습니다." 쾨니히 요양원^{Kurhaus Koenig}의 홍보 책임자 크리스티나 포이트^{Christina Voit} 씨는 세계적인

독일 바트 메르겐트하임

추세인 '웰빙' 열풍이 독일에도 불고 있다고 했다.

돼지고기와 소시지 등 기름진 육류를 주식으로 하는 독일인들은 당뇨병과 고혈압, 비만 등 성인병을 당연한 운명으로 여겼지만 요즘 들어서는 '건강할 때 건강을 지키자'고 하는 바람이 불고 있다. 남성보다는 여성이, 노인보다 젊은이가 더

요양공원 내 산책로에서 걷기 운동을 하는 사람들. 웰빙에 대한 관심은 독일에서도 뜨겁다.

열심이다. 보통 5월의 독일에서는 보기 드물게도 27도를 오르내리는 더위인데도 도시 곳곳을 관통하는 산책로에는 동계올림픽 노르딕 스키 선수처럼 양손에 스틱을 잡은 사람들이 땀을 뻘뻘 흘리며 걷고 있다. 대부분이 30, 40대 여성들이다. 이런 사회적인 추세에 힘입어 삼림 휴양 지대인 슈바르츠발트 인근 '바트Bad'에서 시작되는 온천 샘물 지대에는 요양과 재활 시설이 부쩍 늘었다.

바트 메르겐트하임은 독일 중부 내륙지방에서 고대 로마로 통했던 로만틱 가도의 중간쯤에 위치한 인구 2만의 작은 요양도시다. 도시 전체가 숲으로 둘러싸여 있다. 이곳에는 환자들의 토털세러피Tataltherapy를 위해 10여 개의 요양원과 요양공원, 재활병원이 빼곡히 자리 잡고 있다. 산 속에 세워진 쾨니히 요양원은 이 도시에서 두 번째로 큰 요양

마음까지 쉬어 가는
숲 속의
요양도시

쾨니히 요양원의 모습. 이곳에서는 치료 방법과 치료받을 시간, 장소를 환자가 자유롭게 결정한다.

원으로 치료를 겸해 트래킹, 기체조, 식이요법 등을 하려는 환자들로 넘쳐난다.

포이트 씨는 특별한 질병이 없더라도 휴양이 필요하다는 의사 소견서가 있으면 누구나 요양 시설에서 치료를 받을 수 있으므로 앞으로 환자가 더 늘어날 거라고 전망했다. 숙소동과 치료동 등 5개 건물과 90개 룸을 갖추고 있는 쾨니히 요양원은 지난 가을부터 예약한 사람들로 가득 차 있다.

독일 의료법에는 치료와 재충전을 위해 10일 이내의 휴가가 보장돼 있고 장기간 요양이 필요하다고 주치의가 진단할 경우 요양원에 들어가는 것이 가능하다고 명시되어 있다. 이 기간 동안의 경비는 보험회사와 정부가 지불한다.

요양원이 재활병원과 다른 점은 환자가 원하는 곳을 선택해 단기간에 효과적인 치료를 받을 수 있다는 것이다. 치료 방법과 시간, 장소를 환자가 자유롭게 결정할 수 있다. 아침 식사를 마치면 산책과 수중 치료, 마사지, 물리 치료, 수영과 크래킹, 승마 치료 등 원하는 치료를 골라서 받는다. 최근에는 동양의 명상과 기체조가 인기라고 한다.

독일 바트 메르겐트하임

병원처럼 병실에만 머무는 것이 아니라 휴일에 가까운 도시를 관광하거나 저녁 시간에 모르는 사람들과 만나서 볼링과 카드놀이 등을 하는 것도 이곳을 찾는 재미 중 하나다. 치료의 종류에 따라 다르지만 비용은 일주일에 400~700유로(약 50만~90만 원) 정도다.

쾨니히 요양원에는 체조 교사와 수중 치료사, 마사지사, 물리 및 작업 치료사, 요리사, 행정 요원 등 총 30명이 일하고 있다. 의사는 이 도시에 있는 10여 개의 요양원을 돌며 환자 상담과 진료를 맡는다.

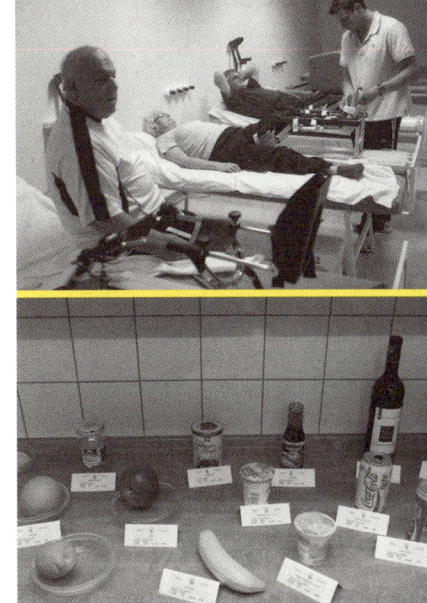

쾨니히 요양원 내 물리 치료실(위), 재활 환자의 식이 요법을 돕기 위해 식품별로 영양 성분을 적어 두었다(아래).

바트 메르겐트하임 요양공원에는 21만 제곱미터의 숲과 2000그루의 아름드리나무, 100만 그루의 튤립과 장미가 어우러져 있다. 매년 100만 명이 넘는 환자와 관광객이 이곳을 찾는다. 재활 환자에게 정서적 안정은 치료의 전제가 되는 필수 조건이다. 심리적인 안정을 찾을 수 있는 경치 좋은 곳에서 가족과 함께 지낼 경우 재활 치료 속도가 몇 배로 빨라진다.

마음까지 쉬어 가는
숲 속의
요양도시

요양공원에서 휴식을 취하는 휴양객들 (위), 공원 내에서 온천 시설을 이용할 수 있다(아래).

이 요양공원은 요금을 받고 일반인들에게도 개방한다. 요양공원 사무국 관계자는 "공원에서 건강에 좋은 샘물이 나온다는 소문이 나면서 사람들이 몰려오고 있다. 이제는 단순한 공원이 아니라 음악 공연을 비롯해 지역 문화의 중심지로 변모하고 있다."라고 자랑했다. 재활, 요양 환자를 위해 도시 전체에 산책로가 있는 것도 부러운데 맛 좋은 샘물까지 솟는다니 질투심마저 인다.

공원을 산책 중인 70대의 부부와 인사를 나누었다. 부부는 10여 년 전 우연히 이곳을 알게 된 뒤 휴가철마다 온다며 "요즘엔 아들 부부와 손자까지 함께 와 휴식을 취하면서 이곳을 베이스캠프 삼아 인근 지역을 관광한다."라고 했다.

샘물이 발견된 것을 계기로 지역의 명소가 되면서 공원 안에는 1993년 1000석 규모의 실내 콘서트장과 야외 공연장이 들어섰다. 나무와 유리로만 지어진 것이 특징이다. 자연 채광을 이용하기 위해 3면

휴양객들이 나무 위에 설치된 스피커에서 나오는 명상 음악을 들으며 쉬고 있다. 편안히 쉬고 있는 사람들의 표정이 마치 꿈을 꾸고 있는 것처럼 더 없이 평온하다.

을 유리로 하고 바닥과 천장, 벽체를 결이 살아있는 나무로 마감했다. 한옥 속에 들어와 있는 느낌이다.

오후 4시가 되어 야외 공연장에서 8인조 실내악단이 연주를 시작하자 공원 곳곳에서 일광욕과 산책을 하던 사람들이 삼삼오오 모여들었다. 나무와 꽃이 내뿜는 향기 속에서 휠체어에 기댄 채 음악을 듣는 노부부의 모습이 아름답다.

공원 안쪽에는 사람들이 다리를 하늘로 향한 채 여기저기 누워 있다. 나무 위에 설치된 8개의 스피커에서는 명상 음악이 흘러나온다.

마음까지 쉬어 가는
숲 속의
요양도시

요양원 내부의 모습. 곳곳에 식물이 놓여져 있어 청량감이 든다. 심리적인 안정을 얻을 수 있어서 환자의 재활 치료 속도가 몇 배나 빠르다고 한다.

사람들의 표정이 마치 꿈을 꾸는 듯 더없이 평온하다.

　요양공원을 사랑받는 명소로 만든 주인공은 1836년 10월 이곳에서 양질의 샘물이 나오는 것을 발견한 프란츠 게리히$^{Franz\ Gertsch}$라는 양치기. 그는 숲 속 한가운데에서 소금기를 잔뜩 머금은 온천 샘물이 솟아나는 것을 발견하고 오랜 노력 끝에 이 샘물이 최고의 광천수임을 입증함으로써 오늘의 바트 메르겐트하임을 탄생시켰다. 그를 기념하기 위해 마로니에 숲 중앙에는 양과 함께 포즈를 취하고 있는 게리히의 석상이 세워져 있다.

　조금 떨어진 곳에는 일반 휴양객이 묵는 호텔이 있고 호텔 담을 따라 마음과 몸을 안정시키는 데 도움이 된다는 약초가 종류별로 가지런히 심어져 있다.

　볕이 잘 드는 곳에 작은 동상 하나가 더 있다. 세바스티안 크나이프$^{Sebastian\ Kneipp}$ 신부의 흉상이다. 그는 목동이 발견한 이 샘물을 대외적으로 알리는 데 공헌했다고 한다. 크나이프 신부는 샘물이 처음으로 솟아나는 곳을 성지처럼 만들어 두었는데 그곳의 수도꼭지에 손을 대자 온도 차이로 인해 갑자기 물이 콸콸 쏟아진다. 샘물에서는 진한 소금기와 광천수 특유의 시큼한 맛이 느껴졌다. 요양원에서 기력을 회복하는 치료를 받고 요양공원을 걸으며 샘물을 마시면 그 어떤 시름과 병도 씻은 듯이 사라질 것만 같다.

글·백경학

바트 메르겐트하임 안내소
Bad Mergentheim

주소	municipal authorities Bahnhofplatz 1 97980 Bad Mergentheim, Germany
전화	49-7931-965-0
이메일	info@kur-badmergentheim.de
홈페이지	www.kur-badmergentheim.de

재활에서
자립까지
원스톱 시스템

일본 오사카 장애인의료 · 재활센터

뉴스에서 끔찍한 교통사고 소식을 접하거나 거리를 난폭하게 달리는 자동차들을 볼 때면 가끔씩 이런 상상을 해 본다. '만약 내가 교통사고를 당한다면 어떡하나?' '병원에서는 어떤 치료를 받게 될까?' '퇴원한 뒤에는 어떻게 살아가야 하지?' 대개는 잠시 머릿속을 스쳐가는 기분 나쁜 상상으로 끝난다. 하지만 실제로 사고를 당해서 병원에 입원하면 숨 막히게 답답한 현실 안에 갇힌 자신을 발견하게 된다.

각종 사고와 질병으로 장애를 입게 되었을 때 가장 시급한 문제는 적절한 치료일 것이다. 하지만 치료가 '끝'은 아니다. 장애인이 지역 사회에 돌아가 독립적으로 일상생활을 누리기 위해서는 사회적 지원과 훈련 프로그램이 뒷받침되어야 하는데 우리는 이런 부분이 극히 부족하다. 관련 기관이 있지만 연계성 없이 각각 운영되고 있어 환자

오사카 장애인의료·재활센터 전경. 재활 치료를 받은 환자가 지역 사회에 실질적으로 복귀할 수 있도록 끝까지 돕는 일체형 재활 체계는 일본에서도 이곳이 유일하다.

나 가족들이 이리저리 쫓아다녀야 한다. 그렇게 시간과 노력을 허비하는 사이에 재활 시기를 놓치고 만다.

 이는 한국의 복지 체계가 전반적으로 낙후된 탓이기도 하지만 장애인 재활을 비장애인의 관점, 곧 의료적인 관점으로만 보는 탓도 있다. 신체적인 기능만 어느 정도 회복하면 된다는 생각, 장애인은 평생 남의 도움을 받아야 하는 사람이라는 인식이 밑바닥에 깔려 있기 때문이다. 하지만 중도 장애를 갖게 된 사람에게 의료적인 처치는 끝이 아니라 시작에 불과하다. 지역 사회 안에서 독립적으로 인간답게

재활에서
자립까지
원스톱 시스템

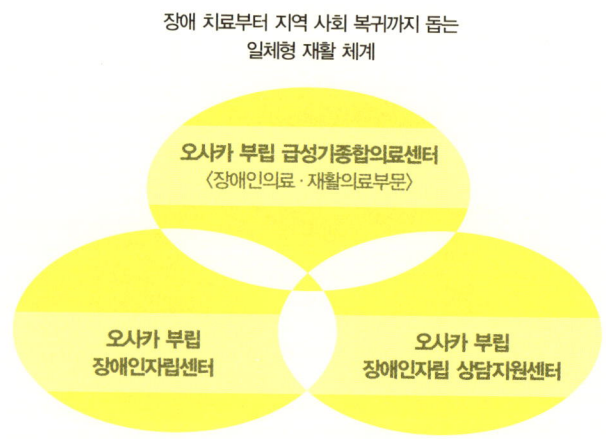

살아갈 수 있어야 비로소 재활이 끝나는 것이다.

장애인 복지의 선진국인 일본의 현실은 어떨까? 이런 궁금증과 호기심을 가지고 찾은 곳이 일본 오사카 장애인의료·재활센터^{大阪障害者 医療·リハビリテーションセンター}다.

2007년 4월에 문을 연 오사카 의료·재활센터는 병원의 재활 치료, 생활 적응을 위한 재활 훈련, 지역 사회에서 자립 생활을 위한 자립 상담을 일관된 체계로 묶은 종합 재활 기관이다. 집중적인 재활 치료를 받은 환자가 지역 사회에 실질적으로 복귀할 수 있도록 끝까지 돕는 일체형 재활 체계는 일본에서도 오사카 센터가 유일하다고 한다.

3만 3000제곱미터 부지에 오사카 부립 급성기종합의료센터, 오사카 부립 장애인자립센터, 오사카 부립 장애인자립 상담지원센터가 어깨를 나란히 하고 있다. 급성기 종합의료센터와 연결해 2007년에 3층 건물을 지어 장애인자립센터와 상담 센터가 입주했다.

갑작스런 사고를 당하거나 병에 걸린 환자는 일차적으로 오사카 부립 급성기종합의료센터로 간다. 지방정부인 오사카 부가 설립하고 독립민간법인이 운영하는 급성기종합병원이다. 28개 과, 786개의 병상(재활의학과의 병상은 87개)을 운영하는 급성기 병원에 입원한 환자는 의료보험의 적용을 받아 120일에서 180일 동안 집중적인 치료를 받는다. 180일이 지나면 재정적인 부담 때문에 의료적인 대응이 쉽지 않다고 한다.

장애가 고착되어 급성기의 의료 처치가 의미 없게 된 환자는 장애인자립센터로 가게 된다. 자립센터에서 생활하면서 가정 복귀를 전제로 재활 훈련에 집중한다. 현재 척수 손상, 뇌혈관질환, 뇌성 마비, 고차 뇌기능 장애를 가진 장애인 79명(정원 90명)이 생활하고 있으며 최대 1년까지 이용 가능하다.

신체 기능 훈련, 신변 동작 훈련, 외출 훈련, 스포츠 등 공통 프로그램과 함께 손상 부위와 정도에 따른 생활 적응 훈련과 취미 활동도 진행한다. 생활 적응 훈련은 장애가 있는 상태에서도 일상생활을 충분히 할 수 있도록 요리, 세탁 등을 다양하게 실시한다. 취미 활동에는

재활에서
자립까지
원스톱 시스템

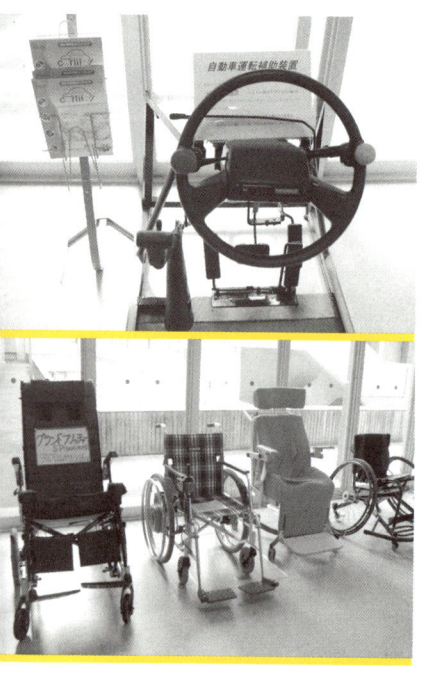

로비의 자동차 운전 보조 장치(위), 환자가 필요와 취향에 따라 다양한 휠체어를 고를 수 있다(아래).

도자기 만들기, 그림 그리기, 붓글씨 쓰기 등이 있다. 중도 장애를 입은 사람은 정신적인 충격이 크기 때문에 집에만 틀어박혀 있게 되고 정신 장애로 번질 수도 있다고 한다. 그래서 지역 사회로 돌아갔을 때 문화센터 등에 가서 취미 생활을 할 수 있도록 미리 준비하는 것도 중요하다.

독립적인 일상생활이 어느 정도 가능해지면 지역 사회로 돌아가 국가에서 설립, 운영하는 장애인자립상담센터를 이용하게 된다. 이곳에서는 장애인 등록, 보장구 지급 사업 등과 함께 장애인들이 안정적으로 독립생활을 할 수 있도록 직업 훈련과 심리 상담 서비스를 제공한다. 상담을 받는 사람이 1년에 1500명이나 된다고 한다. 자립 상담 센터에서는 지역 사회 순회 상담을 실시하고 물리 치료사와 작업 치료사도 파견한다.

오사카 의료·재활센터에는 이렇게 세 기관이 같은 공간에 이

웃하고 있다. 민간과 정부·지자체로 나뉘어 운영되는데 어려움은 없을까? 이와미 가즈오^{岩見和夫} 자립센터 과장은 각 부문을 통합하고 조직하기가 몹시 힘들었다고 털어놓았다. "막대한 자금을 들여 센터를 건립하고 시스템을 만드는 과정보다 세 부문을 연계해 관리하는 것이 더 어려웠습니다." 정부 영역의 공공

자립센터 설립보다 장애 치료부터 사회복귀까지 돕는 일체형 재활 체계를 만드는 게 가장 어려웠다고 한다.

성과 민간 영역의 효율성 사이에서 치열하게 고민하는 일본의 현실을 엿볼 수 있다.

친절한 미소가 인상적인 이와미 과장의 안내로 센터 입구에 들어서니 점자가 새겨진 건물 안내도가 보이고 음성 안내 서비스가 또박또박 울려 퍼진다. 한쪽에 가지런히 준비된 방문자용 휠체어를 지나 탁 트인 1층 로비로 향하자 잔잔한 오르골 음악이 울려 퍼지고 각종 화분과 편안하게 앉아 책을 읽을 수 있는 공간이 보였다.

센터 이용 시간이 지나 환자들을 만날 수 없어 아쉬웠는데 때마침 물리 치료실에서 재활의학 전문의, 물리 치료사, 작업 치료사 등이 모여 케이스 스터디를 하고 있었다. 의료진이 환자의 동의를 얻어 특별히 이루어지는 과정이라고 한다. 치료가 끝나는 오후 3시 30분 이후

재활에서
자립까지
원스톱 시스템

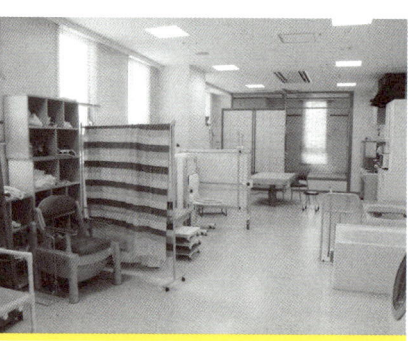

물리 치료실의 모습. 환자 한 명당 하루에 최대 2시간 동안 치료를 받을 수 있다. 매일 200명 정도가 이 치료를 받는다.

48명의 의료진이 4개 팀으로 나뉘어 일주일에 1시간씩 환자 유형을 달리해 팀별로 사례 발표를 하고 실습을 하는 자리다. 환자를 좀 더 이해하고 가장 적합한 치료 방법을 찾아내기 위한 열기가 대단했다. 그 열기가 환자들에게도 전달되는지 스터디에 참여한 환자의 표정도 밝아 보였다.

이곳 물리 치료실에서는 매일 약 200명의 환자가 치료를 받는다. 일반적으로 물리 치료사 한 명이 1일 23단위를 맡는데 1단위가 20분이므로 하루 평균 치료 시간은 7.6시간이 된다. 환자 기준으로는 한 명이 하루에 최대 6단위(2시간)의 치료를 받을 수 있다.

물리 치료실을 지나 장애인 전용 치과로 향했다. 입구를 지나 접수실 맞은편에 있는 환자 대기실은 좁았지만 햇빛이 잘 들고 라디오와 벽걸이형 텔레비전이 있어서 환자들이 일상생활을 하는 것 같은 편안한 마음을 들 것 같았다. 치과 치료에 두려움을 가지기 쉬운 환자들을 위해 비치된 귀여운 인형들이 방긋 웃고 있다. 치과에는 5개 치료실에 3명의 치과의사가 근무하고 있다. 환자당 치료 시간은 30분에서 1시간이고, 하루 25명 정도가 방문한다. 예약이 필수적이고 예약 대기 기간은 2주 정도지만 시급한 치료는 바로 받을 수도 있다.

치료실에는 환자들이 누운 채 엑스레이를 찍을 수 있는 최첨단 유닛체어가 설치되어 있다. 그런데 최첨단 설비보다 더 인상적이었던 것은 연습용 유닛체어 옆에 놓여 있는 두툼한 빨간 매트였다. 중증 장애 환자들이 유닛체어에 앉는 연습을 하는 데 쓰는 도구라고 한다. 중증 장애인들은 움직이는 게 쉽지 않고 치과 치료에 두려움이 크기 때문에 환자가 이 빨간 매트에 몸을 뉘인 뒤 유닛체어에 앉는 연습부터 시작해야 한다. 실제로 많은 중증 장애인들이 몇 주 동안은 병원에 방문해서 매트 위에서 움직이는 연습만 하고 돌아간다고 한다.

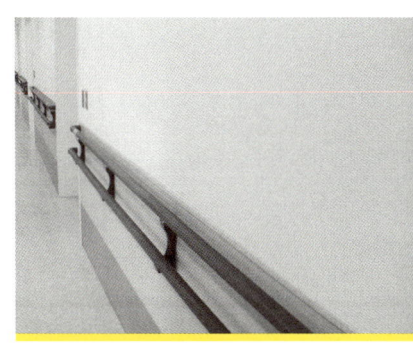

자연스럽게 걷는 연습을 할 수 있도록 복도에 지지대를 설치해 놓았다. 장애인이 편하게 움직일 수 있도록 시설 하나하나가 세심하게 디자인되어 있었다.

센터 이용료의 40퍼센트는 오사카 부에서 보조하고 50퍼센트는 국가보험이다. 나머지 10퍼센트를 이용자가 부담한다. 소득 수준에 따른 이용료 차이는 없고 일괄적으로 10퍼센트를 똑같이 부담한다. 오사카 부 아닌 다른 곳에서도 장애인들이 오는데 그때는 소속 지자체에서 지원한다.

오사카 재활센터는 장애인들이 쾌적하게 재활 서비스를 받을 수

자립센터 3층 홀과 연결된 복도. 채광을 돕기 위해 건물 중앙에 유리로 된 창이 나 있다. 이 센터는 환경에 장애를 맞추는 게 아니라 장애에 환경을 맞춘다는 철학에 따라 운영된다.

있도록 철저하게 장애인의 눈높이에서 세심하게 디자인된 건물이다. 넓고 시원한 1층 로비, 전동휠체어 2대가 동시에 이동해도 넉넉한 넓은 복도, 엘리베이터를 이용해 치료실로 빠르고 편안하게 이동할 수 있도록 설계된 공간 배치가 인상적이다. 널찍한 엘리베이터는 침대차도 무리 없이 옮길 수 있고, 거울이 밑바닥까지 길게 달려 있어서 휠체어 장애인들도 편하게 이용할 수 있다.

  퇴원하기 전 자립 생활을 연습하는 원룸 맨션에는 중증 척수 장애인도 혼자 용변을 볼 수 있도록 천장의 레일을 따라 화장실로 천천히 이동하는 리프트가 설치되어 있다. 화장실이 의외로 비좁아 의아했는데 장애인에게는 넓은 화장실이 한두 개 있는 것보다 작은 화장실이 곳곳에 많이 설치된 것이 훨씬 편하기 때문이라고 한다. 하드웨어는 그냥 하드웨어일 뿐이라고 생각할 수도 있지만 장애인 편의 시설에는 그것을 만든 사람들이 장애인의 욕구와 필요를 세심하게 바라보는 시각이 그대로 드러난다. 성별 구분도 없고, 비상 호출 버튼 하나 제대로 없는 한국의 공공 장애인 화장실을 떠올리지 않을 수 없었다.

"장애를 환경에 무조건 맞추도록 해서는 안 됩니다. 장애에 맞추어 환경을 바꾸어야 하지요. 환경을 바꾸는 것이야말로 한 장애인이 자신이 살고 있는 지역 사회에서 자립할 수 있는 결정적인 조건입니다." 이와미 과장이 센터를 이용하던 뇌종양 후유증 환자 A씨의 이야기를 꺼냈다. A씨는 신체적으로는 불편하지 않았고 의사소통에도 문제가 없었지만 기억력이 손상되어 조금 전에 했던 행동도 기억하지 못했다. 재활 작업장에서 동료가 A씨에게 전날 사용한 부품을 가져다 달라고 하면 A씨는 전혀 다른 것을 가져오곤 했다. 이런 일이 잦아지자 A씨는 작업장에서 일하기가 어려워졌다. 이와미 과장은 이 문제를 어떻게 해결했을까? 그는 모든 부품에 이름과 함께 세세한 설명을 적은 메모를 붙였다. 그러자 A씨는 '어제 가져왔던 부품'을 기억하지 못해 괴로워할 필요 없이 아주 쉽게 '○○색 ○○번 부품'을 가져올 수 있게 되었다.

재활에서
자립까지
원스톱 시스템

　　재활에서 자립까지 원스톱 체계를 만들어 장애인을 적극적으로 지원하려는 노력과 부품에 메모를 붙이는 작은 배려는 아마도 '장애인의 입장에서 생각한다'는 철학과 같은 뿌리에서 나온 것이리라.

글·이재원

오사카 장애인의료·재활센터
大阪 障害者医療·リハビリテーションセンター

주소　　大阪市住吉区大領3-2-36
전화　　81-6-6692-3921
홈페이지　www.pref.osaka.jp/shogaishajiritsu

인공 섬 위에 펼쳐진 장애인 스포츠 천국

일본 마이시마 장애인 스포츠센터

미니버스를 타고 바다를 건너자 대양을 향해 출항을 앞둔 한 척의 배를 형상화한 독특한 건물이 눈에 들어온다. 활짝 펼친 돛 모양이 드넓은 세상을 향해 나아가려는 열망과 의지를 보여 주는 것 같다. 이 건물이 바로 오사카가 자랑하는 장애인 체육시설인 마이시마 장애인 스포츠센터 大阪市舞洲障害者スポーツセンター다.

찬찬히 뜯어보기도 전에 일단 규모에 압도당하고 말았다. 외형이 반드시 본질과 일치하는 것은 아니지만 엄청난 규모의 수준 높은 시설은 일본 사회가 장애인을 어떻게 배려하는지 부분적이지만 충실하게 대변해 주었다.

스포츠센터가 자리 잡은 곳은 인공 섬이다. 본래는 베이징 올림픽 유치를 위해 조성되었는데 올림픽 개최가 물거품이 되자 그 터의

199

배의 돛을 형상화한 마이시마 스포츠센터. 드넓은 세상을 향해 나아가려는 열망과 의지를 보여 주는 듯하다. 이 센터에서는 장애인은 물론 비장애인도 운동과 휴양을 즐길 수 있다. 함께 어울리며 장애와 비장애의 벽을 허물자는 취지다.

상당 부분을 이 스포츠센터가 차지하게 되었다. 우리가 비슷한 상황이었다면 잠실벌에 장애인 체육 시설을 지을 수 있었을까?

1997년 문을 연 마이시마 스포츠센터는 부지 조성비를 빼고 건립비로만 87억 엔(약 1200억 원)이 들었다. 운영비로 매년 7억 6000만 엔(약 100억 원)의 재정이 오사카 시에서 투입된다. 면적은 1600제곱미터로 축구장보다 1.6배 넓다. 내부 스포츠 시설은 모두 국제 공인 규격에 따라 마련되었다. 이 점이 일본의 26곳의 장애인 스포츠센터 가운데 마이시마 스포츠센터가 내세우는 가장 큰 자랑거리다. 그래서인지

장애인 올림픽을 준비하는 네덜란드 배구팀과 농구팀이 이곳을 전초기지 삼아 훈련하고 있었다.

일본에서는 1964년 도쿄 올림픽을 계기로 장애인 스포츠에 대한 사회적 관심이 높아졌다고 한다. 그 영향으로 일본 최초의 장애인 전용 스포츠센터가 오사카의 나가이 지역에 설립되었다. 그러나 지역적으로 오사카 남쪽에 치우쳐 있는 한계 탓에 이곳 마이시마 스포츠센터가 추가로 문을 열게 되었다.

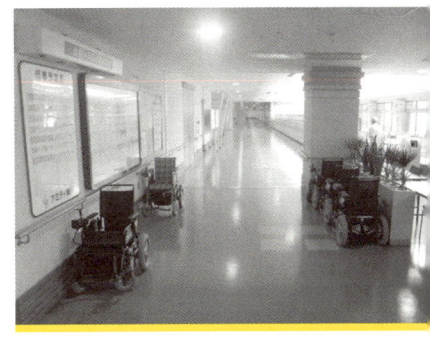

휠체어가 자유롭게 다닐 수 있도록 복도를 널찍하게 만들어 놓았다. 이곳은 모든 시설이 다양한 장애 형태와 수준에 맞추어 설계되었다.

이 센터에서 장애인이 즐길 수 있는 종목은 실로 다양하다. 수영은 물론 양궁, 볼링, 탁구, 축구, 헬스, 좌식배구, 요가, 요트, 사격, 게이트볼 등 원하는 운동은 거의 할 수 있다. 초보자에게는 개인 지도를 해주는 스포츠 지도원이 배치된다. 운동에 익숙지 않은 장애인 이용자가 센터를 찾으면 지도원이 따라붙어 적합한 체육 활동을 찾아 주고 종목별로 기술을 가르쳐 준다.

당연한 일이겠지만 모든 시설은 장애인의 '눈높이'를 철저하게 반영했다. 경기장은 물론 대기실, 식당, 화장실, 주차장 등 모든 시설이 다양한 장애 형태와 수준에 맞추어 설계되었다.

인공 섬 위에
펼쳐진
장애인 스포츠 천국

휠체어를 타고도 들어갈 수 있는 수영장(위), 장애인의 표정에서 시설이 주는 만족도를 느낄 수 있다(아래).

이용객들에게 가장 인기가 높은 수영장부터 둘러보았다. 휠체어를 탄 채 물속에 들어갈 수 있도록 완만한 경사로가 깔려 있다. 장애인들이 도우미들과 함께 편안하고 즐겁게 수영을 즐기고 있었다.

실내 체육관은 농구 코트 두 개가 들어가는 규모인데 농구뿐 아니라 다양한 종목의 경기를 펼칠 수 있도록 설계되었다. 관람석은 골대 뒤편에 접혀 있다가 필요한 경우 전동식으로 펼쳐진다. 실내 체육관의 2층 난간에는 140미터 길이의 조깅 트랙이 있다. 시각 장애인도 밧줄을 잡고 혼자서 달릴 수 있다.

볼링장에서는 경기 진행 상황을 전해 주는 음성 서비스를 제공한다. 어떤 핀이 쓰러졌는지 손으로 만져서 알 수 있도록 촉각 서비스까지 있어 시각 장애인도 무리 없이 볼링을 즐길 수 있다. 장애인 볼링장이 설치된 스포츠센터는 일본 전체에서도 이곳과 나가시마, 요코하마까지 3곳에 불과하다고 한다.

무엇보다 주목할 점은 장애인과 비장애인이 자연스럽게 어울릴 수 있는 공간으로 구상되었다는 사실이다. 이곳은 장애인이 아무런 불편 없이 운동을 즐길 수 있는 체육시설과 함께 빼어난 주위 경관을 활용한 숙박 시설도 함께 운영하고 있다. 4층~6층의 호텔은 중증 장애인을 위해 침대에서부터 화장실까지 리프트를 타고 오갈 수 있는 시설을 갖추었다. 장애인 가족이 함께 이용할 수 있는 가족 욕실도 마련되어 있다. 그렇다고 장애인 전용은 아니다. 장애인이나 그 가족이 아니어도 누구든 운동과 휴양을 즐길 수 있

음성 및 촉각 서비스를 통해 시각 장애인도 볼링을 즐길 수 있다. 일본에 3곳 뿐인 장애인 볼링장이다.

다. 스스럼없이 함께 어울리면서 장애와 비장애의 벽을 허물자는 것이 마이시마 스포츠센터의 근본 취지다.

일본의 장애인 수는 400만 명이 넘는다. 오사카만 해도 265만 시민 가운데 13만7000명이 장애인 수첩을 소지하고 있다. 20명 가운데 1명이 장애인이다. 예전에는 일본에서도 장애인들은 시 외곽의 장애

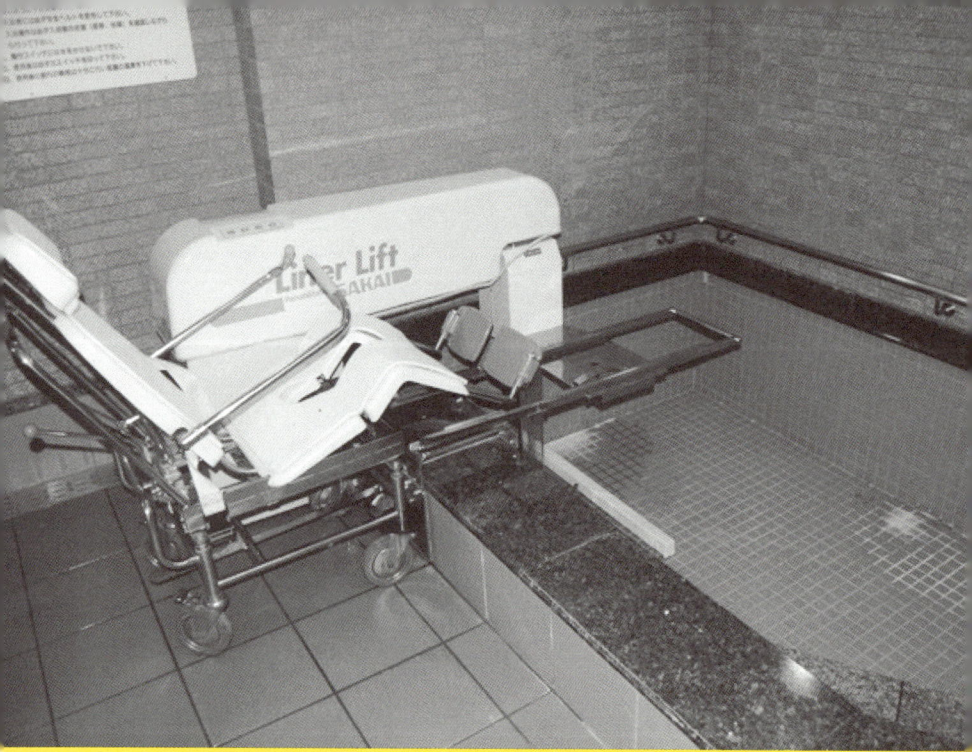

중증 장애인을 위해 침대에서부터 화장실, 욕탕까지 리프트를 타고 오갈 수 있는 시설을 갖추었다. 장애인 가족이 함께 이용할 수 있는 가족 욕실도 마련되어 있다.

인 시설에 들어가 평생을 보내야 했던 시절도 있었다. 사회 전반의 장애인 친화성이 지속적으로 개선된 결과 지금은 장애인도 지역 공동체에서 비장애인들과 함께 일상생활을 할 수 있는 방향으로 나아가야 한다는 쪽으로 의견이 모였다.

그렇다면 왜 마이시마 스포츠센터 같은 별도의 장애인 체육 시설이 필요할까? 일본에는 자치구별로 생활공간과 인접한 곳에 다양한 체육 시설들이 갖추어져 있지 않은가? 요시무라 관장은 사견임을 전제로 다음과 같이 설명했다. "장기적으로는 지역 생활공간에 설치된 일반 스포츠 시설을 장애인과 비장애인이 함께 이용할 수 있어야 한다. 그러나 장애인에 대한 불편한 시선이 아직도 존재하는 만큼 우리 센터 같은 곳을 이용하는 것이 장애인들로서는 마음이 편할 수 있다."

원칙적으로는 '문턱'과 '경계'가 사라진 사회에서 장애인과 비장애인이 조금도 불편함을 느끼지 않

농구 코트 2개가 들어가는 실내 체육관. 마이시마 스포츠센터는 규모나 시설 면에서 일본 최고다.

고 서로 어울리는 것이 옳다. 그러나 '현실'과 '당위' 사이에는 여전히 격차가 존재하고 있다.

"집에만 머물고 있는 장애인들에게 문 밖으로 나설 수 있도록 돕는 '관문'으로서 장애인 전문 스포츠 센터는 매우 유용하다고 생각합니다. 물론 집 근처에 있는 일반 스포츠시설을 이용할 수도 있습니다. 자신에게 편한 곳을 선택할 수 있도록 선택권을 준다는 차원에서 장애인 전용 시설의 의미는 여전히 유효하지요. 하지만 우리 사회의 인식이 좀 더 성숙해져 장애인 전용 체육 시설이 필요 없는 날이 오기를 기대합니다."

정부와 자치단체가 부지 제공은 물론 건립과 운영까지 완벽하게 책임지는 마이시마 스포츠센터. 공공 자산을 장애인에게 우선 배정하

인공 섬 위에
펼쳐진
장애인 스포츠 천국

고 비장애인까지 포괄하는 종합적인 장애인 정책을 확인할 수 있었다. 우리의 장애인 체육 시설과 마이시마 장애인 스포츠센터의 시설 수준의 차이는 단지 경제력 격차만으로는 설명이 어렵다. 장애와 비장애의 벽을 허물려는 정부의 의지가 얼마나 큰 힘을 발휘하는지 새삼 느낄 수 있는 기회였다.

글·정태영

마이시마 장애인 스포츠센터
大阪市舞洲障害者スポーツセンター

주소   大阪市此花区北港白津2-1-46
전화   81-6-6465-8200
홈페이지   www.fukspo.org/maishimassc

편의점 같은 생활 복지 센터

일본 유메히코 중증심신장애인 데이서비스센터

깔끔하고 소박한 일본의 어느 주택가. 이른 아침부터 산책하는 동네 주민들 사이에서 한 청년이 흐르는 땀을 목에 두른 수건으로 연신 닦아 내며 힘차게 휠체어를 밀고 있다. 휠체어에 앉은 장애인은 목도 제대로 가누지 못하지만 얼굴에는 웃음을 한가득 머금고 있다. 청년이 도착한 곳은 중증심신장애인 데이서비스(주간보호)센터인 유메히코 デーセンター夢飛行로 '꿈의 비행'이란 뜻이다.

    우리나라에서 대부분의 중증 장애인은 학교를 졸업하면 선택의 폭이 극히 좁다. 취업도, 취업을 위한 훈련도 할 수 없기 때문에 시내에서 먼 외곽에 있는 시설에 입소하거나 평생 집에서 가족의 보살핌을 받아야 한다. 시설이든 집이든 한정된 공간을 벗어나기 힘들어 고립된 삶을 살아야 한다. 이것이 현재 우리나라의 상황이다.

편의점 같은
생활
복지 센터

유메히코에서는 매해 환자의 부모님을 초청해 생일 파티를 연다. 이곳에서는 환자와 가족의 유대 관계를 중시한다.

십수 년 전에는 일본도 다르지 않았다. 유메히코는 1990년대 초반에 우리와 비슷한 환경에서 시작했다. 유메히코의 설립 멤버인 스가노 마유미菅野眞弓 대표이사는 주간보호센터를 만든 이유를 이렇게 설명했다. "중증 심신장애인도 지역 내에서 비장애인과 함께 더불어 살 권리가 있습니다. 장애인 문제는 그 가족만의 문제가 아닙니다. 사회가 함께 고민하면서 해결하기 위해 적극적으로 노력해야 합니다. 중증 장애인이 지역에서 자연스럽게 일상적인 생활을 하고, 가족은 낮 시간 동안 편안하게 쉬며 재충전의 시간을 가질 수 있도록 이 사업을 시작했습니다."

우리나라에도 주간보호센터가 많이 있지만 대개 지적·자폐성 장애 아동을 대상으로 하고 있다. 스스로 몸을 추스를 수 있는 정도가 되어야 이용 가능한 경우가 대부분이다. 중증 성인 장애인을 위한 주간보호센터는 터무니없이 부족해 복지 서비스의 사각지대다.

유메히코는 고도의 지적 장애와 신체장애가 중복된 중증 심신장애인을 대상으로 하고 있다는 것이 특징이다. 사고로 장애인이 된 사람들도 있지만 대부분은 선천성 뇌성 마비 장애가 있거나 근육디스트

활동 보조인들과 함께 홋카이도로 여행을 떠났을 때의 모습. 활동 보조인은 매일 아침 출근과 동시에 장애인을 유메히코로 데려온 뒤 종일 함께 생활하고 오후 4시에 다시 장애인을 집으로 데려다 준다.

로피 등 진행성 장애다.

　매일 아침 8시면 30여 명의 활동 보조인이 출근과 동시에 유메히코를 이용하는 장애인의 집으로 직접 장애인을 데리러 간다. 9시에 유메히코에 도착하면 담당 활동 보조인은 보호자가 메모한 수첩을 통해 장애인의 건강과 기분 등 전날 상태를 확인한다. 이곳을 이용하는 장애인은 중증의 신체·지적 중복 장애를 갖고 있기 때문에 항상 건강을 체크해야 한다. 프로그램도 하루하루 컨디션에 맞춰 조절한다.

　유독 한 활동 보조인만 메모의 내용을 마이크에 대고 읽고 있기

때때로 자원 봉사자와 함께 산책을 나가기도 한다. 유메히코에서는 주 2회 목욕을 하거나 시장이나 인근 공원을 산책하는 것처럼 생활의 연장으로 재활 프로그램을 진행한다.

에 이유를 물어보았다. 그가 담당한 장애 청년이 자신의 상태를 모든 활동 보조인들에게 알리고 싶어 하기 때문이라고 했다. 저녁 식사는 몇 시에 무얼 먹었는지, 잠은 몇 시간 잤는지 등 소소한 일상생활에 관한 내용이었다.

    이곳의 장애인은 워낙 장애가 심해 특정한 활동을 하기 힘들고 의사소통도 어렵기 때문에 교육을 위한 프로그램은 없다. 다만 주 2회 목욕을 하거나 시장이나 인근 공원을 산책하는 등 생활의 연장으로써 프로그램을 진행한다.

유메히코를 방문한 날 오전에 마침 남자 목욕 프로그램이 있었다. 자동화시스템 개발에 앞장서는 나라답게 일본에서는 장애인의 목욕을 돕는 다양한 목욕 기계가 개발되어 장애인 단체 또는 병원에서 사용하고 있다. 유메히코의 최첨단 시설을 기대하며 목욕탕을 둘러보았다. 이럴 수가, 우리나라의 동네 목욕탕보다도 열악했다. 커튼으로 가려진 목욕탕에는 바닥에 매트가 깔려 있고 그 위에 달랑 욕조와 샤워기가 있을 뿐이다.

"목욕 기계가 있으면 훨씬 힘이 덜 들 것입니다. 그렇지만 따뜻한 물 속에서 사람의 손으로 근육을 일일이 부드럽게 마사지하는 게 경직된 근육을 풀어 주는 데 더 좋습니다. 사람의 살결과 살결이 닿는 것은 심리적으로도 안정감을 주지요. 힘은 들지만 앞으로도 장애인을 돌볼 때 기계를 사용할 생각은 전혀 없습니다." 스가노 대표의 목소리는 단호했다.

오전 12시 점심시간. 활동 보조인들이 배식판에 밥과 국, 반찬을 담더니 가위로 반찬을 일일이 잘게 자른다. 섭식 장애로 음식물을 씹고 소화하기 어려운 장애인들이 많기 때문이다. 점심 식사를 마치면 인근 시장 또는 공원을 산책한다. 고개를 가누지 못해 뒤로 젖힌 채 휠체어에 앉아 산책하는 그들의 모습이 동네 풍경 속으로 자연스럽게 녹아든다.

오후 4시. 가족이 있는 집으로 돌아가야 할 시간이다. 활동 보조

편의점 같은
생활
복지 센터

인이 가방을 꾸려 집까지 안전하게 데려다 준다. 장애인이 유메히코에 오는 순간부터 집에 도착할 때까지 담당 활동 보조인이 일대일로 항상 옆에 있다.

유메히코는 기본적으로 고등학교를 졸업한 18세 이상의 중증 심신 장애인을 대상으로 한다. 하지만 이용을 원하는 장애인이라면 누구나 이용할 수가 있다.

"공간이 부족하다면 증축을 해서라도 가능하게 만들어야 합니다. 이유가 무엇이든 장애인의 이용을 허락하지 않는 것은 있을 수 없는 일이에요." 스가노 대표가 말했다. 유메히코 초창기부터 지켜온 확고한 원칙이라고 한다. 그렇게 조금씩 공간을 넓혀 지금은 2층 규모가 되었다. 현재 이곳을 이용하는 장애인은 총 30명인데 대부분 20대다. 57세의 여성 장애인이 가장 고령자다.

대부분의 장애인 이용자들은 오전 9시에서 오후 4시까지 유메히코에서 시간을 보낸다. 그렇다고 이용 시간이 딱 정해져 있는 것은 아니다. 원하면 오후 4시 이후에도 시간 연장이 가능하고, 때로는 집에 가지 않고 잠을 자는 경우도 있다. 이때는 생활 공간과 자는 공간을 분리하기 위해 저녁에 인근에 있는 숙소로 이동한다.

유메히코는 초기에 법인을 설립하지 않고 소규모 단체로 사업을 시작했다. 그러다 보니 아무래도 운영에 어려움이 많아 사회 복지 법인 유노유^{ゆうのゆう}를 설립했다. 장애인 주간보호 사업을 하는 사회 복지

요가 수업을 하는 모습. 유메히코는 기본적으로 고등학교를 졸업한 18세 이상의 중증 심신 장애인을 대상으로 하지만 이용을 원하는 장애인이라면 누구나 이용할 수가 있다.

법인 유노유는 장애인자립법에 의해 정부로부터 운영비를 보조받는다. 장애 등급이 높을수록 활동 보조 서비스 지원금이 높은데 유메히코에 오는 중증 장애인들에 대한 지원금은 낮에는 시간당 1200엔(약 1만 6000원), 이후에는 1700엔(약 2만 3000원)이다.

그런데 사회 복지 법인은 정부의 지원과 함께 감독과 감시도 받아야 하기 때문에 다양한 사업을 추진하려면 제약이 많다. 이에 유메히코는 비영리법인 윙WING을 설립해 오사카 시 전역에서 자택간호지원사업, 워킹홀리데이를 통한 국제교류사업, 그룹홈 사업 등을 다양

편의점 같은
생활
복지 센터

환자와 자원 봉사자가 함께하는 워크숍(위), 크리스마스 전 함께 케이크를 만드는 모습(아래). '백화점'이 아니라 '편의점'을 지향하는 뜻을 엿볼 수 있다.

하게 추진하고 있다. 한 장애인에게 주간보호 서비스를 제공하는 경우 직원들은 아침 9시부터 오후 4시까지는 사회 복지 법인, 그 이후에는 비영리법인 소속으로 활동하게 되는 독특한 시스템이다. 장애인 한 사람 한 사람에게 한층 충실한 서비스를 제공하기 위한 고민의 산물이다.

활동 보조인들 속에서 노란머리와 흰 피부의 두 청년이 눈에 띄었다. 워킹홀리데이 비자로 오스트레일리아에서 온 청년들이 땀 흘려 일하고 있다. 현재 워킹 홀리데이 비자로 유메히코에서 일하는 외국인은 10명. 이곳에서 숙식을 해결하면서 하루 8시간 근무한다. 급여는 시간당 1250엔(약 1만 7000원)으로 일본인과 같은 대우를 받는다. 지금까지 한국을 비롯해 독일, 프랑스, 오스트레일리아 등에서 70여 명이 이곳을 다녀갔다.

비영리법인 WING의 사업 중에는 프리 스페이스$^{free\ space}$라는 독특한 사업도 있다. 프리 스페이스는 말 그대로 저렴한 비용으로 누구에게나 장소를 대여해 주는 사업이다. 지역 주민들은 그 공간을 파티 장소, 어린아이들의 재활용품 마켓 등으로 다양하게 활용한다. 건물 1층에 위치한 프리 스페이스는 장애인의 접근성을 철저하게 고려한 시설이지만 이용 자격에 제한은 없다. 비장애인들 역시 원하는 대로 사용할 수 있어 비장애인과 장애인이 자연스럽게 어울리는 공간이 된다. 우리가 방문한 날도 지역 주민들이 어린이들과 함께 즐거운 행사를 벌이고 있었다.

사회 복지 법인 유노유와 NPO인 WING 두 법인의 연간 운영비는 총 운영비는 3억 엔으로 다른 비영리 단체에 비해 규모가 큰 편이다. 직원은 정규직 40명, 워킹홀리데이 비자로 온 외국인 10명, 활동보조인 20명, 차량이동서비스 직원 10명 등 총 80명. 주5일 근무가 원칙이지만 집에 돌아가지 않고 남는 장애인들을 위해 교대로 숙직 근무를 한다. 대부분의 비영리 단체가 그렇듯 급여에 비해 노동 강도가 높아 대부분의 직원들은 20대~30대로 젊은 편이다. "사회 복지 법인이나 NPO를 쉽게 생각하고 오는 사람들이 많습니다. 하지만 절대 쉽게 생각해서는 안 됩니다. 단순히 돈을 벌려고 오는 사람을 우리는 원하지 않습니다. 면접을 통해 장애인에 대한 의식이 확실하게 정립되어 있는 사람만 받아들이지요." WING의 스즈키 노조미鈴木希 사무국장이 설명했다. 이곳 직원들의 근속년수는 6년~7년으로 다른 비영리 단체에 비해서 이직률이 매우 낮은 편이다.

편의점 같은
생활
복지 센터

유메히코의 하루를 함께 하고 돌아오는 길, 스즈키 노조미 사무국장의 말이 계속 마음에 남았다. "화려하지만 거리가 멀어 쉽게 갈 수 없는 백화점이 아니라 규모는 작아도 쉽게 드나들 수 있는 편의점 같은 센터를 지향하고 있습니다. 누구나 편하게 이용할 수 있는 생활 속의 복지 제도가 구현되어야 합니다."

글·어은경

유메히코 데이서비스센터
デーセンター夢飛行

주소　大阪府大阪市西成区岸里東1-5-25
전화　81-6-6659-6612
이메일　info@yourwing.org
홈페이지　www.yourwing.org

학생 한 사람 한 사람에게 학교를 맞춘다

일본 니시요도가와 장애인학교

영상 37도가 넘는 무더위에 땀을 뻘뻘 흘리며 일본 오사카의 지적·신체 중복 장애 학생들을 위한 학교를 찾았다. 이미 여름방학이 시작되어서인지 시립 니시요도가와 장애인학교^{西淀川特別支援学校} 운동장에는 적막감마저 감돌았다. 일정을 잘못 맞춰 학생들을 만날 수 없다는 서운함을 삼키고 있을 때 교감 선생님 두 분이 학교 정문까지 헐레벌떡 달려 나오셨다.

두 선생님과 함께 학교 안으로 들어서자 후지이 노리유키^{藤井則之} 씨가 우리를 반겼다. 이 학교 졸업생인 후지이 씨는 일본판 『잠수복과 나비』(왼쪽 눈꺼풀만 움직일 수 있는 지체 장애인 작가 장도미니크 보비가 쓴 책)의 주인공이다. 눈썹과 발가락만 겨우 움직일 수 있어 눈썹을 치켜올리는 것으로 의사소통을 하는 중증 뇌성 마비 장애인인 후지이 씨

학생
한 사람 한 사람에게
학교를 맞춘다

니시요도가와 장애인학교의 학급수 및 학생 재적수

학교	학년	통학					학급수	방문				합계			
		일반			중복										
		남	여	계	남	여	계		남	여	계	학급수	남	여	계	학급수
초등학교	1				6	1	7						6	1	7	
	2				2	2	4						2	2	4	
	3				3	3	6						3	3	6	
	4				1	2	3						1	2	3	
	5				3	4	7						3	4	7	
	6				4	1	5						4	1	5	
	계				19	13	32						19	13	32	
중학교	1	2	0	2	6	4	10						8	5	13	
	2	1	0	1	3	6	9						4	6	10	
	3	0	0	0	2	2	4						2	2	4	
	계	3	0	3	11	12	23						14	13	27	
고등학교	1	0	0	0	10	8	18						10	8	18	
	2	1	1	2	4	8	12						5	9	14	
	3	0	1	1	5	3	8						5	4	9	
	계	1	2	3	19	19	33						20	21	41	
합계		1	2	6	49	44	93		0	1	1	1	53	47	100	

가 활동 보조인의 도움을 받아 학교를 안내해 주었다.

일본에서는 1979년부터 의무교육제가 시행되어 중증 장애인도 무조건 학교에 입학해 교육을 받는다. 오사카에는 장애인 학교가 10군데 있다. 지체 장애 및 중복 장애 학교가 3곳, 지적장애 학교 4곳, 시각, 청각, 병약 장애 학교가 각각 1곳씩 있다. 자폐 등 발달 장애는 지적장애로 구분해 지적장애 학교로 배정한다. 니시요도가와 장애인

학교는 의무교육제가 시행된 1979년 4월 1일 문을 열었다.

이 학교에는 현재 100명의 학생이 재학 중이다. 초등학생 32명, 중학생 27명, 고등학생 41명이다. 이 가운데 고등학생 1명은 학교 통학이 힘든 고도의 중증장애로 선생님이 일주일에 세 번 학생의 집으로 직접 방문해 한 번에 두 시간씩 일대일로 수업을 한다. 나머지 99명의 학생은 셔틀버스 6대로 통학하고 있다.

니시요도가와 장애인학교의 전경. 이 학교에 다니는 100명의 학생들은 장애 정도에 따라 수준에 맞는 학습을 한다.

가장 놀라운 것은 이 학교의 교사 수. 무려 110명으로 학생 수보다 교사 수가 더 많다. 일대일 수업은 기본이고 정규 과정과 함께 수영 재활, 자립 재활 등 재활 치료 및 취업을 위한 다양한 프로그램도 진행한다. 학생의 나이에 따라 학년은 나누지만 학년 안에서도 장애 정도에 따라 저, 중, 고 3등급으로 구분해 수준에 맞는 학습을 지도한다. 상황에 따라서 등급이 올라가지 않고 같은 수업을 받기도 하지만 고등학교 3학년 학기가 끝나면 누구나 졸업을 해야 한다.

니시요도가와 학교에서 교육에 못지않게 마음을 쓰는 것이 의료적인 부분이다. 뇌에 장애가 있는 학생들은 대개 목을 가누기 힘들 정

학생
한 사람 한 사람에게
학교를 맞춘다

도의 중증 신체장애가 동반된다. 이들에게는 튜브로 음식물을 삽입하고 가래를 흡입해 주는 등 의료적인 보살핌이 필요하다. 의료적 보살핌이 필요한 장애 학생의 부모가 '의료처치 의뢰서'를 학교에 신청하면 학교에서는 '의료검토위원회'를 열어 심의한다. 신청이 합당하다고 인정이 되면 학교에 상주하는 간호사가 필요한 의료처치에 대한 연수를 받는다. 연수 내용 등을 부모가 납득하면 학교에서는 학생에 대한 의료처치를 최종 확정하고, 해당 학생이 교실을 비롯해 학교 내 어디서든 의료처치를 받을 수 있도록 간호사가 교사에게 교육한다. 니시요도가와 학교에서는 현재 27명의 학생이 의료처치를 받고 있다.

가래 흡입, 음식물 공급 튜브 삽입 등 간단한 의료 처치 외에도 이곳은 간호사 3명이 교대로 일주일에 80시간 상시 근무를 하면서 만일의 경우에 대비한다. 또 보바스병원 등에서 전문 의료진이 연 42회 학교에 방문해 전문적인 검진 및 치료를 지원한다.

학교 시설을 둘러보았다. 넓은 복도 한쪽에 학생들의 휠체어가 한 줄로 길게 늘어서 있다. 길게 늘어선 휠체어는 우리가 흔히 보는 것과는 달리 규격화된 휠체어가 아니다. 등이 굽은 장애에 맞춰 휠체어 등판의 안쪽이 둥글게 들어간 휠체어, 팔걸이를 높이 올려 턱 위치쯤 조정 스틱을 설치해 턱으로 조정할 수 있도록 제작한 휠체어 등 다양하다. 휠체어에 사람을 맞추는 것이 아니라 사람에 맞춰 제작된 휠체어였다.

사람을 먼저 생각하는 휠체어와 같은 사례는 니시요도가와 학교 곳곳에서 찾아볼 수 있다. 엘리베이터는 어른 50명이 타고도 남을 정도로 넓고, 교실과 복도 어디를 가든 턱이 전혀 없다. 화장실에는 높이가 다른 3종류의 세면대가 나란히 설치되어 있다. 교실에도 병실에나 있을 법한 침대와 세면대가 자리해 있다. 또 몸을 가누기 힘든 학생이 책상과 밀착해 자세를 고정할 수 있도록 둥글게 파인 책상도 있다. 학교의 모든 시설과 집기는 장애학생 한 사람 한 사람을 위해 맞춤식으로 설계되고 배치되어 있었다.

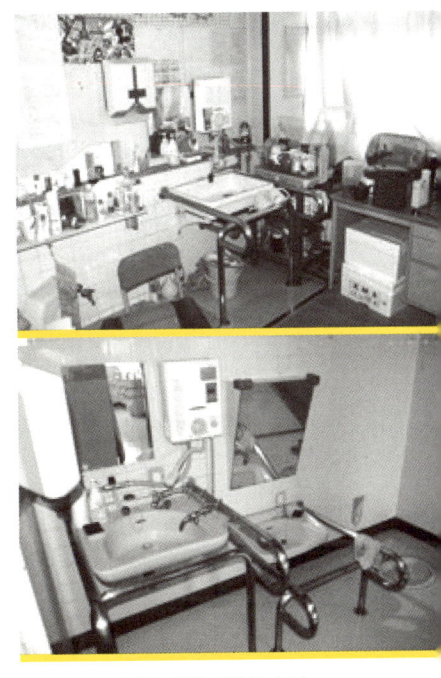

장애 학생 개인을 위한 맞춤식 시설. 화장실에는 높이가 다른 세 종류의 세면대가 나란히 설치되어 있다.

여기서 고등학교 3학년 과정까지 마친 학생들은 어떻게 할까? 니시요도가와 학교의 가장 큰 고민도 그것이다. 졸업과 동시에 취업을 하는 경우는 매우 드물고 대부분 직업 훈련 작업장으로 간다. 하지만 작업장은 학교와 달리 긴급 상황에서 적절하게 의료 처치를 할 수 없는 곳이 많아 갈 곳을 찾기가 쉽지 않다. 학교 홈페이지에서 졸업생의 진

학생
한 사람 한 사람에게
학교를 맞춘다

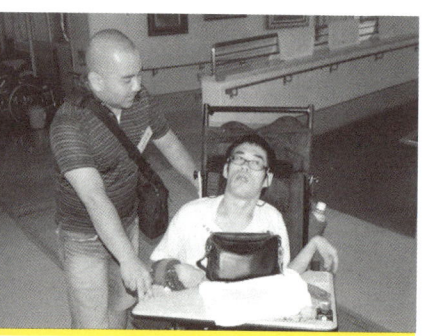

우리를 안내해 주었던 후지이 노리유키 씨. 이 학교 졸업생인 그는 현재 장애인 단체에서 일하고 있다.

로 상황을 소개하고 있는데 2011년 졸업생 중에서 작업장 등 별도의 진로가 표시된 사람은 11명밖에 없다.

우리를 안내해 준 중증 뇌성마비 장애인 후지이 씨는 이 학교를 졸업하고 장애인 지원 단체인 '보람보람(일상생활지원센터)'에서 상담가로 활동하고 있다. 활동 보조인의 입을 통해 한 가지라도 더 설명해 주려 애쓰는 모습에서 모교에 대한 애정이 느껴졌다. 교육과 의료가 결합된 이 학교에서 후지이 씨는 당당한 직업인으로서 우뚝 서기 위해 준비했을 것이다.

글·어은경

니시요도가와 장애인학교
大阪市立西淀川特別支援学校

주소	大阪府大阪市西淀川区大和田2-5-77
전화	81- 6-6475-2560
홈페이지	http://www.ocec.ne.jp/ss/nisiyodogawa-ss

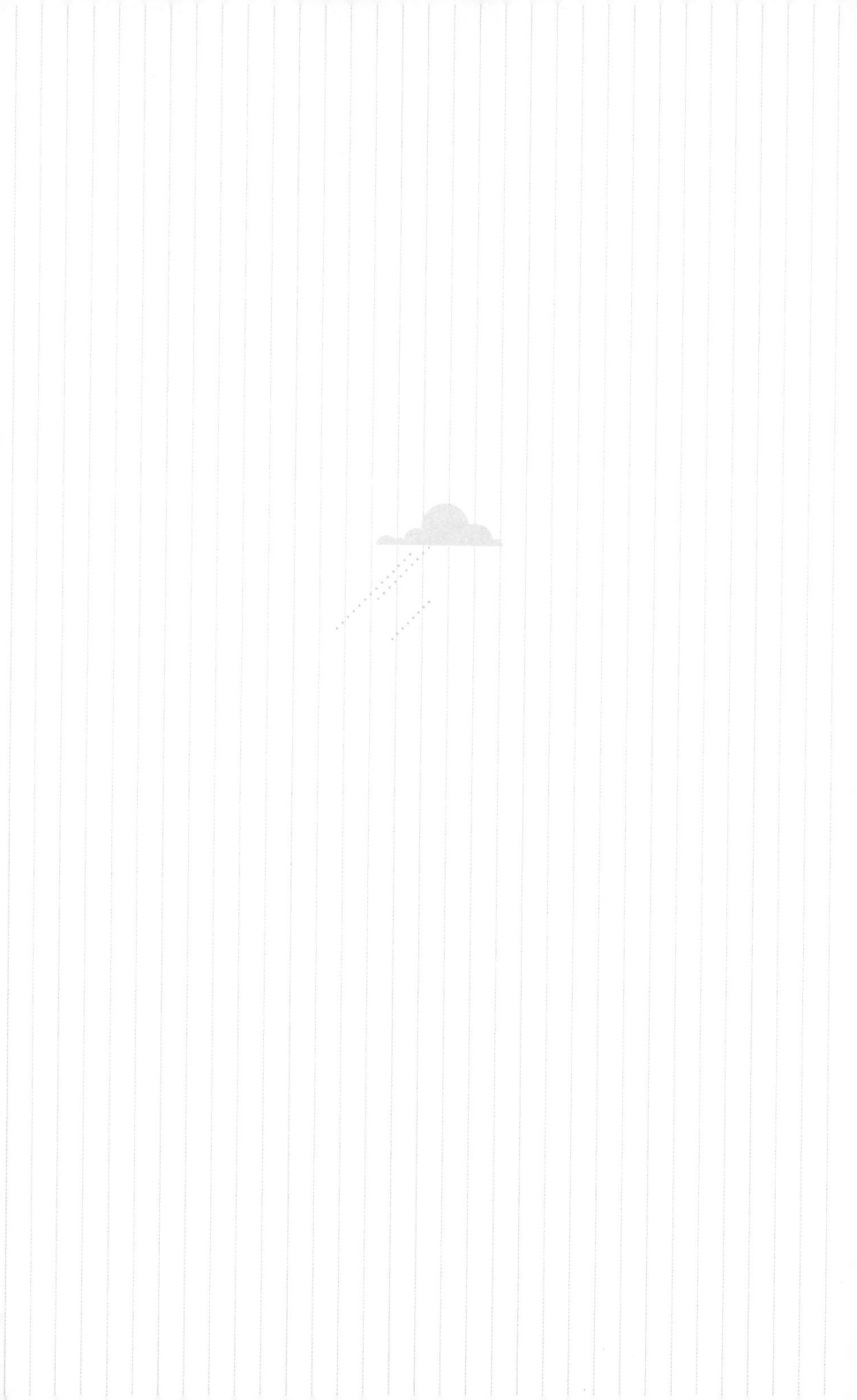